心一堂術數古籍珍本叢刊

書名：陽宅紫府寶鑑

系列：心一堂術數古籍珍本叢刊　堪輿類　第三輯　330

作者：【清】劉文瀾

主編、責任編輯：陳劍聰

心一堂術數古籍珍本叢刊編校小組：陳劍聰　素聞　鄒偉才　虛白盧主　丁鑫華

出版：心一堂有限公司

通訊地址：香港九龍旺角彌敦道六一〇號荷李活商業中心十八樓〇五一〇六室

深港讀者服務中心·中國深圳市羅湖區立新路六號羅湖商業大廈負一層〇〇八室

電話號碼：(852)9027-7110

網址：publish.sunyata.cc

電郵：sunyatabook@gmail.com

網店：http://book.sunyata.cc

淘寶店地址：https://sunyata.taobao.com

微店地址：https://weidian.com/s/1212826297

臉書：https://www.facebook.com/sunyatabook

讀者論壇：http://bbs.sunyata.cc/

平裝

版次：二零二零年七月初版

定價：港幣　　一百八十元正
　　　新台幣　七百五十元正

國際書號：ISBN 978-988-8583-28-7

版權所有　翻印必究

香港發行：香港聯合書刊物流有限公司

地址：香港新界大埔汀麗路36號中華商務印刷大廈3樓

電話號碼：(852)2150-2100

傳真號碼：(852)2407-3062

電郵：info@suplogistics.com.hk

台灣發行：秀威資訊科技股份有限公司

地址：台灣台北市內湖區瑞光路七十六巷六十五號一樓

電話號碼：+886-2-2796-3638

傳真號碼：+886-2-2796-1377

網絡書店：www.bodbooks.com.tw

台灣國家書店讀者服務中心：

地址：台灣台北市中山區松江路二〇九號一樓

電話號碼：+886-2-2518-0207

傳真號碼：+886-2-2518-0778

網絡書店：http://www.govbooks.com.tw

中國大陸發行　零售：深圳心一堂文化傳播有限公司

深圳地址：深圳市羅湖區立新路六號羅湖商業大廈負一層〇〇八室

電話號碼：(86)0755-82224934

心一堂微店二維碼

心一堂淘寶店二維碼

心一堂術數古籍 珍本 整理 叢刊 總序

術數定義

術數，大概可謂以「推算（推演）、預測人（個人、群體、國家等）、事、物、自然現象、時間、空間方位等規律及氣數，並或通過種種『方術』，從而達致趨吉避凶或某種特定目的」之知識體系和方法。

術數類別

我國術數的內容類別，歷代不盡相同，例如《漢書‧藝文志》中載，漢代術數有六類：天文、曆譜、五行、蓍龜、雜占、形法。至清代《四庫全書》，術數類則有：數學、占候、相宅相墓、占卜、命書、相書、陰陽五行、雜技術等，其他如《後漢書‧方術部》、《藝文類聚‧方術部》、《太平御覽‧方術部》等，對於術數的分類，皆有差異。古代多把天文、曆譜、及部分數學均歸入術數類，而民間流行亦視傳統醫學作為術數的一環；此外，有些術數與宗教中的方術亦往往難以分開。現代民間則常將各種術數歸納為五大類別：命、卜、相、醫、山，通稱「五術」。

本叢刊在《四庫全書》的分類基礎上，將術數分為九大類別：占筮、星命、相術、堪輿、選擇、三式、讖諱、理數（陰陽五行）、雜術（其他）。而未收天文、曆譜、算術、宗教方術、醫學。

術數思想與發展——從術到學，乃至合道

我國術數是由上古的占星、卜筮、形法等術發展下來的。其中卜筮之術，是歷經夏商周三代而通過「龜卜、蓍筮」得出卜（筮）辭的一種預測（吉凶成敗）術，之後歸納並結集成書，此即現傳之《易

經》。經過春秋戰國至秦漢之際，受到當時諸子百家的影響、儒家的推崇，遂有《易傳》等的出現，原本是卜筮術書的《易經》，被提升及解讀成有包涵「天地之道（理）」之學。因此，《易‧繫辭傳》曰：「易與天地準，故能彌綸天地之道。」

漢代以後，易學中的陰陽學說，與五行、九宮、干支、氣運、災變、律曆、卦氣、讖緯、天人感應說等相結合，形成易學中象數系統。而其他原與《易經》本來沒有關係的術數，如占星、形法、選擇，亦漸漸以易理（象數學說）為依歸。《四庫全書‧易類小序》云：「術數之興，多在秦漢以後。要其旨，不出乎陰陽五行，生尅制化。實皆《易》之支派，傅以雜說耳。」至此，術數可謂已由「術」發展成「學」。

及至宋代，術數理論與理學中的河圖洛書、太極圖、邵雍先天之學及皇極經世等學說給合，通過術數以演繹理學中「天地中有一太極，萬物中各有一太極」（《朱子語類》）的思想。術數理論不單已發展至十分成熟，而且也從其學理中衍生一些新的方法或理論，如《梅花易數》、《河洛理數》等。

在傳統上，術數功能往往不止於僅僅作為趨吉避凶的方術，及「能彌綸天地之道」的學問，亦有其「修心養性」的功能，「與道合一」（修道）的內涵。《素問‧上古天真論》：「上古之人，其知道者，法於陰陽，和於術數。」數之意義，不單是外在的算數、歷數、氣數，而是與理學中同等的「道」、「理」--心性的功能，北宋理氣家邵雍對此多有發揮：「聖人之心，是亦數也」、「萬化萬事生乎心」、「心為太極」。《觀物外篇》：「先天之學，心法也。……蓋天地萬物之理，盡在其中矣，心一而不分，則能應萬物。」反過來說，宋代的術數理論，受到當時理學、佛道及宋易影響，認為心性本質上是等同天地之太極。天地萬物氣數規律，能通過內觀自心而有所感知，即是內心也已具備有術數的推演及預測、感知能力；相傳是邵雍所創之《梅花易數》，便是在這樣的背景下誕生。

《易‧文言傳》已有「積善之家，必有餘慶；積不善之家，必有餘殃」之說，至漢代流行的災變說及讖緯說，我國數千年來都認為天災，異常天象（自然現象），皆與一國或一地的施政者失德有關；下

至家族、個人之盛衰，也都與一族一人之德行修養有關。因此，我國術數中除了吉凶盛衰理數之外，人心的德行修養，也是趨吉避凶的一個關鍵因素。

術數與宗教、修道

在這種思想之下，我國術數不單只是附屬於巫術或宗教行為的方術，又往往是一種宗教的修煉手段——通過術數，以知陰陽，乃至合陰陽（道）。「其知道者，法於陰陽，和於術數。」例如，「奇門遁甲」術中，即分為「術奇門」與「法奇門」兩大類。「法奇門」中有大量道教中符籙、手印、存想、內煉的內容，是道教內丹外法的一種重要外法修煉體系。甚至在雷法一系的修煉上，亦大量應用了術數內容。此外，相術、堪輿術中也有修煉望氣（氣的形狀、顏色）的方法；堪輿家除了選擇陰陽宅之吉凶外，也有道教中選擇適合修道環境（法、財、侶、地中的地）的方法，以至通過堪輿術觀察天地山川陰陽之氣，亦成為領悟陰陽金丹大道的一途。

易學體系以外的術數與的少數民族的術數

我國術數中，也有不用或不全用易理作為其理論依據的，如揚雄的《太玄》、司馬光的《潛虛》。也有一些占卜法、雜術不屬於《易經》系統，不過對後世影響較少而已。

外來宗教及少數民族中也有不少雖受漢文化影響（如陰陽、五行、二十八宿等學說。）但仍自成系統的術數，如古代的西夏、突厥、吐魯番等占卜及星占術，藏族中有多種藏傳佛教占卜術、苯教占卜術、擇吉術、推命術、相術等；北方少數民族有薩滿教占卜術；不少少數民族如水族、白族、布朗族、佤族、彞族、苗族等，皆有占雞（卦）草卜、雞蛋卜等術，納西族的占星術、占卜術，彞族畢摩的推命術、占卜術……等等，都是屬於《易經》體系以外的術數。相對上，外國傳入的術數以及其理論，對我國術數影響更大。

曆法、推步術與外來術數的影響

我國的術數與曆法的關係非常緊密。早期的術數中，很多是利用星宿或星宿組合的位置（如某星在某州或某宮某度）付予某種吉凶意義，并據之以推演，例如歲星（木星）、月將（某月太陽所躔之宮次）等。不過，由於不同的古代曆法推步的誤差及歲差的問題，若干年後，其術數所用之星辰的位置，已與真實星辰的位置不一樣了；此如歲星（木星），早期的曆法及術數以十二年為一周期（以應地支），與木星真實週期十一點八六年，每幾十年便錯一宮。後來術家又設一「太歲」的假想星體來解決，是歲星運行的相反，週期亦剛好是十二年。而術數中的神煞，很多即是根據太歲的位置而定。又如六壬術中的「月將」，原是立春節氣後太陽躔娵訾之次，當時沈括提出了修正，但明清時六壬術中「月將」仍然沿用宋代沈括修正的起法沒有再修正。

由於以真實星象周期的推步術是非常繁複，而且古代星象推步術本身亦有不少誤差，大多數術數除依曆書保留了太陽（節氣）、太陰（月相）的簡單宮次計算外，漸漸形成根據干支、日月等的各自起例，以起出其他具有不同含義的眾多假想星象及神煞系統。唐宋以後，我國絕大部分術數都主要沿用這一系統，也出現了不少完全脫離真實星象的術數，如《子平術》、《紫微斗數》、《鐵版神數》等。後來就連一些利用真實星辰位置的術數，如《七政四餘術》及選擇法中的《天星選擇》，也已與假想星象及神煞混合而使用了。

隨着古代外國曆（推步）、術數的傳入，如唐代傳入的印度曆法及術數，元代傳入的回回曆等，其中我國占星術便吸收了印度占星術中羅睺星、計都星等而形成四餘星，又通過阿拉伯占星術而吸收了其中來自希臘、巴比倫占星術的黃道十二宮、四大（四元素）學說（地、水、火、風），並與我國傳統的二十八宿、五行說、神煞系統並存而形成《七政四餘術》。此外，一些術數中的北斗星名，不用我國傳統的星名：天樞、天璇、天璣、天權、玉衡、開陽、搖光，而是使用來自印度梵文所譯的：貪狼、巨

門、祿存、文曲、廉貞、武曲、破軍等，此明顯是受到唐代從印度傳入的曆法及占星術所影響。如星命術中的《紫微斗數》及堪輿術中的《撼龍經》等文獻中，其星皆用印度譯名。及至清初《時憲曆》，置閏之法則改用西法「定氣」。清代以後的術數，又作過不少的調整。

此外，我國相術中的面相術、手相術，唐宋之際受印度相術影響頗大，至民國初年，又通過翻譯歐西、日本的相術書籍而大量吸收歐西相術的內容，形成了現代我國坊間流行的新式相術。

陰陽學——術數在古代、官方管理及外國的影響

術數在古代社會中一直扮演着一個非常重要的角色，影響層面不單只是某一階層、某一職業、某一年齡的人，而是上自帝王，下至普通百姓，從出生到死亡，不論是生活上的小事如洗髮、出行等，大事如建房、入伙、出兵等，從個人、家族以至國家，從天文、氣象、地理到人事、軍事，從民俗、學術到宗教，都離不開術數的應用。我國最晚在唐代開始，已把以上術數之學，稱作陰陽（學），行術數者稱陰陽人。（敦煌文書、斯四三二七唐《師師漫語話》：「以下說陰陽人謾語話」，此說法後來傳入日本，今日本人稱行術數者為「陰陽師」）。一直到了清末，欽天監中負責陰陽術數的官員中，以及民間術數之士，仍名陰陽生。

古代政府的中欽天監（司天監），除了負責天文、曆法、輿地之外，亦精通其他如星占、選擇、堪輿等術數，除在皇室人員及朝庭中應用外，也定期頒行日書、修定術數，使民間對於天文、日曆用事吉凶及使用其他術數時，有所依從。

我國古代政府對官方及民間陰陽學及陰陽官員，從其內容、人員的選拔、培訓、認證、考核、律法監管等，都有制度。至明清兩代，其制度更為完善、嚴格。

宋代官學之中，課程中已有陰陽學及其考試的內容。（宋徽宗崇寧三年〔一一零四年〕崇寧算學令：「諸學生習……並曆算、三式、天文書。」「諸試……三式即射覆及預占三日陰陽風雨。天文即預

定一月或一季分野災祥，並以依經備草合問為通。」

金代司天臺，從民間「草澤人」（即民間習術數人士）考試選拔：「其試之制，以《宣明曆》試推步，及《婚書》、《地理新書》試合婚、安葬，並《易》筮法、六壬課、三命、五星之術。」（《金史》卷五十一‧志第三十二‧選舉一）

元代為進一步加強官方陰陽學對民間的影響、管理、控制及培育，除沿襲宋代、金代在司天監掌管陰陽學及中央的官學陰陽學課程之外，更在地方上增設陰陽學課程（《元史‧選舉志一》：「世祖至元二十八年夏六月始置諸路陰陽學。」）地方上也設陰陽學教授員，培育及管轄地方陰陽人。（《元史‧選舉志一》：「（元仁宗）延祐初，令陰陽人依儒醫例，於路、府、州設教授員，凡陰陽人皆管轄之，而上屬於太史焉。」）自此，民間的陰陽術士（陰陽人），被納入官方的管轄之下。

至明清兩代，陰陽學制度更為完善。中央欽天監掌管陰陽學，明代地方縣設陰陽學正術，各州設陰陽學典術，各縣設陰陽學訓術。陰陽人從地方陰陽學肄業或被選拔出來後，再送到欽天監考試。（《大明會典》卷二二三：「凡天下府州縣舉到陰陽人堪任正術等官者，俱從吏部送（欽天監），考中，送回選用；不中者發回原籍為民，原保官吏治罪。」）清代大致沿用明制，凡陰陽術數之流，悉歸中央欽天監及地方陰陽官員管理、培訓、認證。至今尚有「紹興府陰陽印」、「東光縣陰陽學記」等明代銅印，及某某縣某某之清代陰陽執照等傳世。

清代欽天監漏刻科對官員要求甚為嚴格。《大清會典》「國子監」規定：「凡算學之教，設肄業生。滿洲十有二人，蒙古、漢軍各六人，於各旗官學內考取。漢十有二人，於舉人、貢監生童內考取。」學生在官學肄業、貢監生肄業或考得舉人後，經過了五年對天文、算法、陰陽學的學習，其中精通陰陽術數者，會送往漏刻科。而在欽天監供職的官員，《大清會典則例》「欽天監」規定：「本監官生三年考核一次，術業精通者，保題升用。不及者，停其升轉，再加學習。如能黽

六

勉供職，即予開復。仍不及者，降職一等，再令學習三年，能習熟者，准予開復，仍不能者，黜退。」

《大清律例·一七八·術七·妄言禍福》：「凡陰陽術士，不許於大小文武官員之家妄言禍福，違者杖一百。其依經推算星命卜課，不在禁限。」大小文武官員延請的陰陽術士，自然是以欽天監漏刻科官員或地方陰陽官員為主。

官方陰陽學制度也影響鄰國如朝鮮、日本、越南等地，一直到了民國時期，鄰國仍然沿用着我國的多種術數。而我國的漢族術數，在古代甚至影響遍及西夏、突厥、吐蕃、阿拉伯、印度、東南亞諸國。

術數研究

術數在我國古代社會雖然影響深遠，「是傳統中國理念中的一門科學，從傳統的陰陽、五行、九宮、八卦、河圖、洛書等觀念作大自然的研究。……傳統中國的天文學、數學、煉丹術等，要到上世紀中葉始受世界學者肯定。可是，術數還未受到應得的注意。術數在傳統中國科技史、思想史，文化史、社會史，甚至軍事史都有一定的影響。……更進一步了解術數，我們將更能了解中國歷史的全貌。」

（何丙郁《術數、天文與醫學中國科技史的新視野》，香港城市大學中國文化中心。）

可是術數至今一直不受正統學界所重視，加上術家藏秘自珍，又揚言天機不可洩漏，「（術數）乃吾國科學與哲學融貫而成一種學說，數千年來傳衍嬗變，或隱或現，全賴一二有心人為之繼續維繫，賴以不絕，其中確有學術上研究之價值，非徒癡人說夢，荒誕不經之謂也。其所以至今不能在科學中成立一種地位者，實有數因。蓋古代士大夫階級目醫卜星相為九流之學，多恥道之；而發明諸大師又故為恫恍迷離之辭，以待後人探索；間有一二賢者有所發明，亦秘莫如深，既恐洩天地之秘，復恐譏為旁門左道，始終不肯公開研究，成立一有系統說明之書籍，貽之後世。故居今日而欲研究此種學術，實一極困難之事。」（民國徐樂吾《子平真詮評註》，方重審序）

現存的術數古籍，除極少數是唐、宋、元的版本外，絕大多數是明、清兩代的版本。其內容也主要是明、清兩代流行的術數，唐宋或以前的術數及其書籍，大部分均已失傳，只能從史料記載、出土文獻、敦煌遺書中稍窺一鱗半爪。

術數版本

坊間術數古籍版本，大多是晚清書坊之翻刻本及民國書賈之重排本，其中豕亥魚魯，或任意增刪，往往文意全非，以至不能卒讀。現今不論是術數愛好者，還是民俗、史學、社會、文化、版本等學術研究者，要想得一常見術數書籍的善本、原版，已經非常困難，更遑論如稿本、鈔本、孤本等珍稀版本。在文獻不足及缺乏善本的情況下，要想對術數的源流、理法、及其影響，作全面深入的研究，幾不可能。

有見及此，本叢刊編校小組經多年努力及多方協助，在海內外搜羅了二十世紀六十年代以前漢文為主的術數類善本、珍本、鈔本、孤本、稿本、批校本等數百種，精選出其中最佳版本，分別輯入兩個系列：

一、心一堂術數古籍珍本叢刊
二、心一堂術數古籍整理叢刊

前者以最新數碼（數位）技術清理、修復珍本原本的版面，更正明顯的錯訛，部分善本更以原色彩色精印，務求更勝原本。并以每百多種珍本、一百二十冊為一輯，分輯出版，以饗讀者。

後者延請、稿約有關專家、學者，以善本、珍本等作底本，參以其他版本，古籍進行審定、校勘、注釋，務求打造一最善版本，方便現代人閱讀、理解、研究等之用。

限於編校小組的水平，版本選擇及考證、文字修正、提要內容等方面，恐有疏漏及舛誤之處，懇請方家不吝指正。

心一堂術數古籍 整理 叢刊編校小組
二零零九年七月序
二零一四年九月第三次修訂

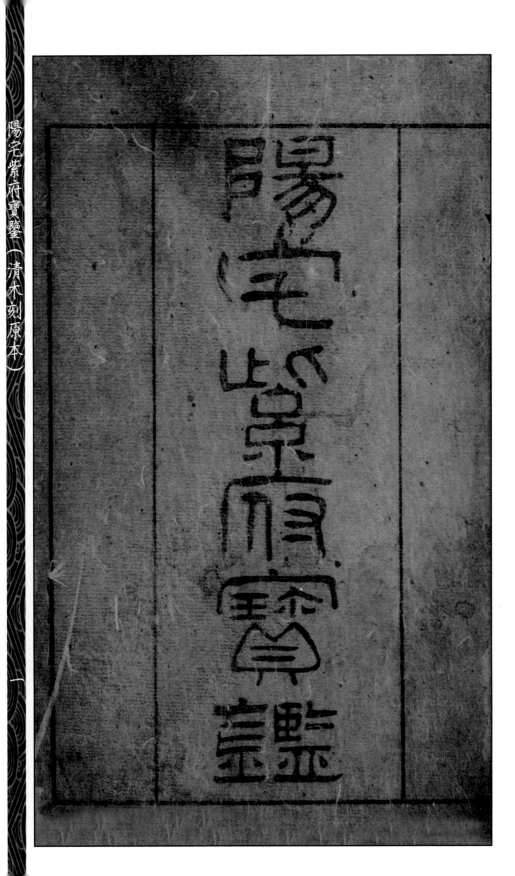

陽宅紫府寶鑑

粵稽陽宅之書汗牛充棟各神其說然用之有驗者

不驗何也蓋未考乎三元正運宅形納氣嶠星返氣

之樞機故小驗而多違幸蔣平階先生天元五歌第

四篇與古鏡歌並陽宅得一錄諸書行世振聾發瞶

人知趨避惟未得其竅者尚有岐途之惑　余研求是

道二十餘年戊子春著奇門纂圖鈎原四千三百二

十局探微索秘遂會撼龍經一十八論造宅三白奧

城門秘旨推九宮順逆變換纂爲宅圖一十八局胸

合陽遁九陰遁九之數實元空大卦離龍坎水交媾

成局配天地山澤雷風水火之化機爲造宅之綱領

次門水改換嶠星遠近輔弼高低隨時更變趨避盡

合乎天心程式皆師於秘本名曰陽宅紫府寶鑑昔

以奔走未遑成帙鶴山張紹川先生究心是道日久

今春命其嗣君作哲受學於余遂編次成書張子習

是不忍自秘遽付剞劂以公同志是亦儒者之用心

矣道光十二年歲在壬辰日躔娵訾之次高明劉文

瀾自序

哲十歲而祖母棄世家君以不能卜吉壤爲憾常語

哲曰讀書必先盡孝得地塋親亦人子孝道之一也

哲方弱冠遂命棄舉子業而習是凡形家之書無不

瀏覽兼訪明師竟無得其精微者去秋因蒲楊二君

遇墨池先生於羊城窺其素蘊乃今之隱君子也遂

從先生學陰陽選擇因得讀所著陽宅紫府寶鑑蓋

本元空三大卦及城門一訣顛倒順逆成宅圖一十

入局夫一宅之中隨時變換總以趨元順運若奇門

符使之活轉以視徒知三元板式者不啻天淵矣世

之論陽宅者用九星用八宅又云八宅爲體九星爲

用卒無確見今得是書而後知以天心爲統領八宅

九星悉爲所用可謂陽宅第一書矣者自是釋憾於

十年望道之心奉家君命梓而行之亦願天下後世

皆無所憾於是道也夫門人鶴山張作哲謹跋

陽宅紫府寶鑑卷之首

凡例

一是書本都天撼龍經一十八論造宅三白秘旨

造宅三白以一白統四七爲天元六白統三

九爲地元八白統五二爲人元此其原旨矣併

合紫府以城門一訣推九官定立空大局取離

龍坎水交媾迎合天心正運共成宅圖一十八

局與奇門陰陽二遁同出一源

一宅圖之順逆本乎城門之在左在右以定凖在

順乘龍爲順局城門

在右逆乘龍爲逆局合於六律六呂卽圖南先

生所謂闔闢法也凡遇添改變換順逆皆依城

門如局次第先後修之

一陽宅專重龍氣卽離　如無龍氣要建高屋端崇

　為宅本凡宅離山二十引所以代龍氣要與坐

　家水口應星等類合玄空三大局名曰宅本其

高低有定應宅本定高正屋九寸遠近隨時詳三

　　　　　　　應星定低宅本五寸遠近隨時元九

宮衰旺

條內

一宅外高屋左名輔右名弼　失元時重在得運之

　　　　　　　　　　　　　其檔煞氣在得運之

方要隔遠在失運之方要貼近遠以不能界生

氣迴煞風

高正屋九尺　遠五弓步　高一尺八寸

離十弓步　高三尺六寸　離二十弓步

高九尺　離五十弓步　約畧算之以　近以貼近宅

意商用在乎智者　神而明之也

身　約離一　大抵高而大者在本元方要離遠恐

二弓步　大也出元又當取其近上元中

界生迴煞重而

元上一二三四方要遠六七八九方要近下元

中元下反是

一坎烝之方建屋名應星高遜於宅本蓋賓主相

應也凡宅雖有宅本如無應星催吉不應星之

方舊有天然水口

門戶不用再建

陰宅發秘 卷之一 二 一〇

一宅內放水之渠口乃禍福之機括不可不慎上

元要放一二三四之水下元要放六七八九之

水蓋取水去氣來水來氣止之妙用又要與坐

家宅本水口應星合立空三大局

一是書天地人三元每元三局順逆錯綜變成六

局故三六得一十八局分順逆之用

一四七天元三六九地元若逆局配成天地定

位山澤通氣雷風相薄水火不相射之化機多

是三元不替大發之本惟每元依法修改自無

衰敗若順局則不配止合玄空大局其發福石

過稍遜耳

一二五八人元局二八八二疊爲坐家順逆局俱

與中五相配故坤艮二宅必中宮高前後層五

寸如一二座春上要結方印法見坤艮凡遇坐

得運正門不開則以坐爲重遇向得運行正門

則以向爲重各依元運爲主坐向爲用

一中五局迺樓房與土府之局形體方而高衆屋

難並蓋五黃之象能統領八方爲九宮之主止

論一星或左或右輔弼相旺與放水通氣至八

方所向得運門向宜餘地寬平門向失運宜開

井對門口要深而潤使水光接天為界煞迎生

之要務不能按井愈深氣愈高水光可以冲天

也

一圖內各坐所論生男生女本於奇門九宮開闔

陰陽之氣其應期則重年辰天喜太陽加臨

一圖內各坐所論得尊官顯官與得祿豐厚者皆

本之中火二星所定訣日中星不起官不貴火

樓形高而無可匹欲捍禦此方非井氣

星不起祿不豐為官不尊得缺不美者多因中

火二星不起故也　必要其方有大屋高樓端正
　　　　　　　　朝拱或秀麗峯巒顧屋有情

方應上條

主應同

一宅煞乃一宅之煞位不宜有六事動用

路並日中响動犯之遇年辰太歲都天五黃三　最忌門
之物餘緩之　　　　　　　　　　　　　灶碓磨

煞天地官符加臨立應凶災不勝枚舉如煞在

子方午卯酉皆凶煞在寅方申巳亥皆凶宜慎

避之

一宅向上管局九星非論卦氣之吉凶惟向上得

貪巨武三吉要有高屋謂之吉星主照雖遇年

煞加臨逢凶化吉若向值破祿文廉有破爛樓

房尖角之形一遇年煞加臨人口灾殃

已上四條慝驗不爽

一圖內八宅遊年四吉四凶不用以論宅之八方

吉凶實論人命東西卦房牀井灶碓磨之吉凶

首重灶向灶座餘則可緩凡居房總要趨元納旺而又以合

命卦之方可住如合元之房不能合命卦則必

食灶口朝本命四吉而房牀納當運吉氣雖不

合命卦亦不減吉也　入宅以之論內外六事則
凶者亦必係元運不合而　非問有高屋在四凶方應
界旺迴煞故凶吉亦如是

一圖內洛書九疇飛加九官有生旺死煞退氣關

方各飛加宅之八方與八宅不能合用如入宅

星吉九疇星未必卽吉有九疇星生旺而入宅

星偏值五鬼絕命是不能合可見矣總之以九

疇星為體定宅八方之吉凶以年辰星加臨為

用以定各方如方星本吉而年星吉臨者必吉

年星凶臨者亦不凶方星本凶而年星凶臨者

必凶年星吉臨者亦不吉二者相需為用其禍

福自應矣 八宅為本主宰在於元運變遷九星

　　　　為用主宰於年星飛加法雖異而用

則一

也

一五黃關煞惟重年星五黃其毒最猛加之月黃

日黃時黃與戊己都天疊臨禍即不淺至宅星

入中之五黃不驗也試論坐宅對宮即五黃關

煞方安有宅宅不行正門乎何常凶禍知此可

見總之門開旺運則五黃而不煞門開失元則

非五黃而亦煞也

一放水以坐宮天地人三元為本看坐宮之主星

翻至向上陽順挨陰逆挨以隔四位為同元取

當運三吉星臨水口 上元取貪巨祿中元取 又
支 下元取破輔弼
廉武

不論得元失元切忌祿前巨後所夾一千一支

名空位流神不獨放水為然即外面此方有水

或來或去凡經過此者皆是謂之刻官星也仕

路逢此出卽歸山矣放水者慎之

一圖內最重食井可以助宅本可以輔應星與水

神同論以在失元方為旺宜與坐合玄空大卦

又宜各元三吉星飛臨井方乃吉

一書內屋形區長濶狹四式與四正內變四隅四

正外輔四隅獨專二式納氣之法雖未盡此然

亦足補諸家之所未備也

一宅以納氣爲重形像之吉凶亦不可缺集舊本

若干條於卷末以備采用

一年星紫白加臨層間大門房門牀方調替圖各

有取用爲一年之各主吉凶與宅星加臨八方

所應吉凶互相爲用故宅既合運亦未必全元

皆吉宅既失運亦豈年年俱凶必按年星飛加

乃能定其年內之否泰也 並摘錄箕疇秘旨斷
驗吉凶為每年之趨

避

一立宅瑣言一章雖為末務然非安經盤有法分

位有定則立宅無所以施其用此亦可為智者

之程式

一修方擇吉所重太陽三方四正守照關拱方位

七政造命恩用主照乃為趨吉有準如以干支

取祿貴等字面造課多有不驗所關最要故凡

陰宅法竅　卷二十

修方必要宅主之八字全偹以太陽度推立命

官度分取恩用元辰星與現選課造命同爲吉

辰兼合陰陽令星照命照方所求必應惟求子

者要看子息官度若有落陷受尅則求子不驗

餘求財求貴各事同推細看篇末修改之條自

識妙用

　　　　　　　　墨池謹識

卷之三

陽宅紫府寶鑑　目錄

陰宅先房寶鑑　卷之二

修改擇吉憑太陽七政造命說

答客難

是書初成有客觀之曰無乃太洩眞秘歟天律有禁

奈何瀾曰非也天心仁愛爲本未常不欲人人皆歸

於善也聖人大道爲公何常不欲以善及人乎唐僧

一行奉命作滅蠻經則僞道足以滅人可知矣眞秘

可以福人而不禍人又可知矣此非天心聖道歟何

禁之有客曰爲善者昌爲惡者凶自然之報應設惡

人得是書以造宅則惡人不必非逆天道乎瀾曰非

也天道報應冥冥中自有所主惡人者住宅祖塋已

有惡兆故出惡人是惡人由惡兆以生必因惡兆以

必雖得是書亦未必能用也客又曰善者自昌不善

者自凶亦何用子之瀝心血以著是書乎瀾曰惡者

不能藉以免凶善者必藉以愈昌也然瀾之用心尤

欲天下之人皆得吉宅吉塋則祥和之氣必生孝子

順孫名臣碩士體天地之心備　國家之用何曰太

洩何曰天律有禁哉客曰善是誠仁人君子之用心

矣曾著有地理青囊天玉都天寶照三經注疏俟校
定續刊並以公世

陽宅紫府寶鑑

卷之一　答客難

陽宅紫府寶鑑 卷之一

高明劉文瀾墨池著

男伯陽復元校

門人張作哲珠崖刊

立宅本旨

夫三卦者立空三大卦也一卦三官三官盡屬一卦

是卦氣之相通由人身脈絡之貫串凡立宅所用在

一官而二官必有以應之此一氣統三所謂銅山西

崩靈鐘東應皆氣相感應猶人身脈絡完聚而後四

體相安若得一失二脈絡不全縱得元氣亦未可語

為全人篇內宅本應星用與宅配為全局又須玄關世傳宅書多與

一竅運局氣之順逆是以我之精血周我之脈絡本

書作用猶一人身內運轉無一外假宅局氣無關如

祿叉三合黃泉八然身體既全所以生此身體者又煞等類不能枚舉

憑天之元氣作宅者苟會趨避之機收元納氣未有

不永兆吉祥嘗聞古人制宅相陰陽卜疆澗本天時

度地勢擬法紫官用意誠大且遠矣

先後天相配合局自然之圖

余嘗熟玩蜀傳天地自然之圖久未心得偶將

後天卦配入相加叠換以先天之坎乃後天之

兌先天之兌乃後天之巽得一七四逆局又以

先天之乾乃後天之離先天之離乃後天之震

得六九三逆局　天道主逆故以逆局爲上再以後天之震乃

先天之離後天之離乃後天之乾得三九六順

局再以後天之巽乃先天之兌後天之兌乃先

天之坎得四一七順局　地道主順故以順局爲下又以後天

之坤本先天之巽後天此巽本先天之兌後天

之兌本先天之坎得一四七順局爲坤氣之統

領又以後天之艮本先天之震後天之震本先

天之離後天之乾得三六九順局

爲艮氣之流行各局內皆藏離龍坎水交媾之

妙又以起金龍配四神尋先天之對待按之坎

乘乾有雷風相薄震乘坎又有山澤通氣巽乘

震又有天地定位離乘巽又有雷風相薄坤乘

離又有山澤通氣兌乘坤又有雷風相薄巽乘

坤又有山澤通氣坎乘坤又有天地定位震乘

艮又有雷風相薄離乘艮又有天地定位乾乘

艮又有山澤通氣入卦相乘盡合化機妙用此

古人所未見者鄭氏以此圖爲天心秘密至 余

朱子所未見

一旦思而得之豈所謂思之思之鬼神通之者

乎不敢自秘謹演是圖以公世云

陽宅紫府寶鑑

卷之二　城門圖

宮
鐘星

圖內一
生一應
天地妙
理俱盡
於此

右圖為十八局分順逆之定用蓋天地自然之

氣卽經云城門一訣也太極居中宮遂生兩儀

從而生四象由四象而生八卦夫八卦卽四象

所生者故乾兌本之太陽坤艮本之太陰震離

本之少陰坎巽本之少陽四象劃然而四象又

本兩儀兩儀之流行得律呂之音以宜天地之

氣化育萬物之根本是以藉坎離相配而山川

成焉闔闢相生而化機兆焉城門玄竅乃牝牡

之門戶也城門在右則氣逆來城門在左則氣

順來順則順作逆則逆成隨城門以定局隨局

以定用天道逆施地道順行法天為上法地為

次逆局得天之氣三元不替順局資地之氣則

福力稍遜耳

三元大卦九宮排定同元合局圖

陰宅實鑑　卷之一

（右）	（中）	（左）
丙庚壬甲　六地元 戌丑辰未	辛癸乙丁　五人元 巳申亥寅	巽坤乾艮　四天元 酉子卯午
乾艮巽坤　七天元 午酉子卯	一四七天　機秘密宜緘口 二五八龍　穴水神人細搜 三六九地　卦留後鬼神守	庚壬甲丙　三地元 辰未戌丑
丁辛癸乙　八人元 亥寅巳申		丁乙辛癸　二人元 申亥寅巳
壬庚丙甲　九地元 未戌丑辰		坤乾艮巽　一天元 午卯酉子

右圖九宮分三元每三宮為一局自具坎離之氣

天玉經云坎離水火中天過者此也又云乾山乾

向水朝乾卯山卯向迎源水午山午向午來堂神

山坤向水坤流是指人地兩元合局作用卽本圖

之秘篇矣奈古人秘而不宜　余錄此以明元空大

局之妙是以善及人天律亦應宥之

三元九宮衰旺輔屋宜高低遠近門宜開閉水

　宜來去總說

上元上二十年一白壬子癸坎卦　中二十年二黑

未坤申坤卦　下二十年三碧甲卯乙震卦皆上元

當運之方陽宅宜行門宜路宜疏通有高屋雖係宅

本應星亦宜遠出百弓已外庶不致尅生生旺氣迎

煞失元為衰煞氣遇此三宮有水宜去不宜來〔來為引煞若去為招旺〕

下元此三宮有屋宜高宜貼近以能擋煞不至冲我

宅也高屋在左曰輔右曰弼　中元上二十年四綠

辰巽巳巽卦　中二十年五黃蓋中五無位故分上

十年歸巽下十年歸乾　下二十年六白戌乾亥乾

卦巽當運管三十年乾當運亦管三十年但巽與上

元震同氣乾與下元兌同氣巽震乾兌雙卦其旺運各歸一

元〔片是三元實兩元耳同舉下元中元下亦同　篇內凡舉上元中元下亦同〕下元

上二十年七赤庚酉辛兌卦　中二十年八白丑艮

四二

寅艮卦　下二十年九紫丙午丁離卦皆下元當運

之方總之當運方宜開門開窻疏通兼來路引氣不

宜高屋樹木山岡逼迫外水宜去內水宜放失運方

忌來路忌門窻忌空虛凡高大之物宜貼近宜開井

宜來水與上二元同法

按三元甲子每元管六十年以一百八十年爲三

元全每元二十年輪一宮康熙二十三年甲子起

上元首一白次二黑次三碧當運推至乾隆九年

甲子起中元首四綠次五黃次六白當運嘉慶九

年甲子起下元管七赤次入白次九紫叠爲衰旺

重在運氣之轉移也

先天陰陽兩片九宮三元衰旺圖

兩片圖

數色	方位	先天卦	卦象	元運
六白	戌乾亥	先天艮	武武武　雙卦（貪）	中元上旺運
七赤	庚酉辛	先天坎	武武武　雙卦　弼破破	中元中旺運
八白	丑艮寅	先天震	破破弼　單卦	上元下旺運
九紫	丙午丁	先天乾	破弼弼　包六七八卦（倒）	上元旺運
五黃中				甲申十年中元中寄巽／甲午十年中元下寄乾
四綠	辰巽巳	先天兌	武武武　雙卦（貪巨巨）	甲戌中元上旺運
三碧	甲卯乙	先天離	巨巨	甲辰上元下旺運
二黑	未坤申	先天巽	巨巨貪　單卦	甲申上元中旺運
一白	壬子癸	先天坤	巨貪貪　包三四門卦	甲戌上元上旺運

右圖龍分兩片陰陽取之秘分先天四陽卦爲一
片四陰卦爲一片形雖分而氣則合故經曰陽以
相陰陰以含陽陰陽相交而成天地之巨廓運四

時之代謝胚萬物之化育莫非陽司之陰出之也

智者熟思之則宅學趨避之道盡是矣

按圖丙二十四山挨星定局本之奧語用以翻

向元元飛加不亂又曰陽從左邊團團轉陰從

右路轉相通挨星法者此也取三吉星者此也

忌空位流神者此也求貪狼者此也智者泰之

納氣屋形六式

時之代謝胚萬物之化育莫非陽司之陰出之也

智者熟思之則宅學趨避之道盡是矣

按圖丙二十四山挨星定局本之奧語用以翻

向元元飛加不亂又曰陽從左邊團團轉陰從

右路轉相通挨星法者此也取三吉星者此也

忌空位流神者此也求貪狼者此也智者泰之

納氣屋形六式

濶形氣散式

右角房受天井左角 氣次吉	帛散耗人丁稀微	濶氣不聚宅主財	天井太大神廳過	左角房受天井右角 氣次吉

天井

門

右廊受天井正左氣　　受天井正右氣

此式天井寬曠如
凹風吹宅廳又過
濶氣散住廳前之
左右房無氣廳後
之氣小納故可左
右角房得天井
右廊各得天井之
氣似能受氣然惜
其來氣散而不能
大吉也

扁形左右來氣式

```
┌─────────────────────────────┐
│  左角居左則右氣來長          │
│                             │
│  前後淺                      │
│                             │
│  入氣不                      │
│                             │
│  敵左右                      │
│                     ┌──┐    │
│  右角居右則左氣來長  │門│    │
│                     └──┘    │
└─────────────────────────────┘
```

此式如門前餘地長

大又無高屋遮攔則

前氣為重住在正間

神后房多得門氣受

門風斜長而來氣入

較重如前無餘地朝

屋高迫止重左右氣

也

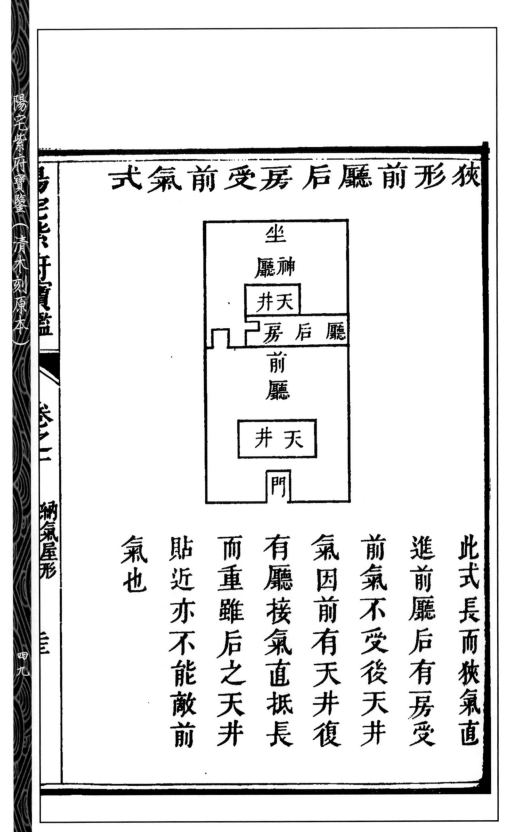

此式長而狹氣直

進前廳后有房受

前氣不受後天井

氣因前有天井復

有廳接氣直抵長

而重雖后之天井

貼近亦不能敵前

氣也

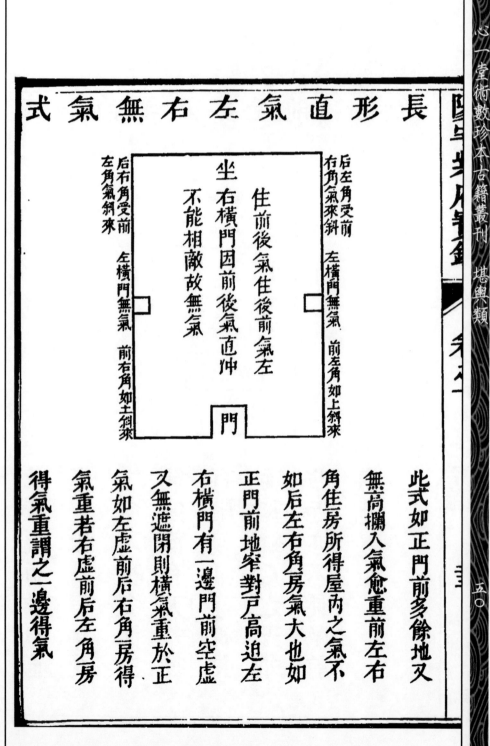

長形直氣左右無氣式

住前後氣住後前氣左

坐右橫門因前後氣直冲

不能相敵故無氣

后左角氣來斜前
右角氣來斜前
左橫門無氣
前左角如上斜來

后右角受前
左角氣斜來
左橫門無氣
前右角如上斜來

門

此式如正門前多餘地又
無高攔入氣愈重前左右
角住房所得屋內之氣不
如后右角房氣大也如
正門前地窄對戶高迫左
右橫門有一邊門前空虛
又無遮閉則橫氣重於正
氣如左虛前后右角房得
氣重若右虛前后左角房
得氣重謂之一邊得氣

四正內變四隅式

屋內四角有
一角伸足卽
變此角之氣

此形本子午卯酉四正開

正門是招離氣如後右角

添一屋則變乾氣後左角

添一屋則變艮氣又如前

左角添一屋則變巽氣前

右角添一屋則變坤氣宅

雖四正變為四隅若四隅

宅四正方添建如伸足者

則四正又變四隅矣

四正外輔四隅獨專式

卯方屋

午方屋

巽

正屋

乾門

艮　　　　坤

子方屋

酉方屋

此屋方形入
方皆有氣如
四角有屋四
正之氣不到
四隅獨專正
屋若四正四
隅有屋四隅
之氣不到四
正又獨專也

傍山倚城迫水近路立局論 附水形納氣三式

立局趨氣之機傍山倚城乃一理山之嶂立與城隅

之圍繞取局無異蓋山在南北局城在南亦北局二

十四方總以對待作局也水與路則微異水分停蓄

來去之別立局則不能定南水北局也停蓄之水四

面取局當流來之水認其來處取局仍與山與城一

樣若對去水則不能取局要看其去而復有無曲轉

其曲轉之處用指南格定方能取局因水去氣來不

能取對面無水方之局必要取其轉處也路有橫直

之分可能引氣亦能界氣橫路爲界氣對此立宅取

局在後傍山倚城同例若直路爲引氣立宅對之路

氣直入不能取宅後作局當以前路立局可也此數

條會而思之立宅之能事思過半矣

圓池圍住收氣圖

圓池

南 子 午 丁 未 申 庚 酉 辛 巽 巳 丙 乾 亥 壬 乙 辰 卯 甲 寅 艮 丑 癸 子 北

圓池圍住人居凡屋
向池收宅背來氣屋
背池收門向來氣如
坐子收子氣向亦然
二十四山倣此按圖
為太極天地之氣皆
為所生發福極大

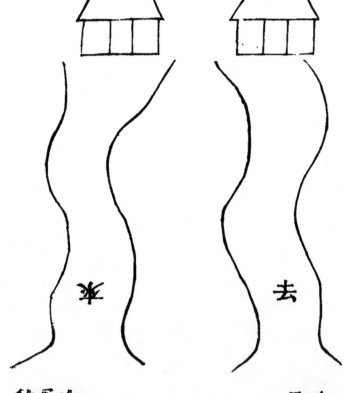

結局如山之擁背龍
宅向來水氣退後

宅向去水氣進前
局如山之迴龍結

嶠星遠照用法

嶠星如在一二百弓之外則不作迴生界煞論止論

宅坐向用為吉凶星宿以主禍福若坐向用為吉星

宅中開門放水如能合玄空大局或配四神則此嶠

星為我所納吉無疑矣若不會局與相配無甚關切

如用為凶星則凶遇年辰太歲三煞五黃戊已都天

加臨立應禍害見卷內年月加臨調替生尅條

建宅本為龍氣取用法

陽宅以龍為重與陰地相同然但同中稍異耳陰地

宅本

陽宅紫府寶鑑　卷之一

在山作穴能乘一線之脈陽宅縱倚山傍龍亦必離

煞坦陽方可建宅不能如山穴之乘脈也宅既坦陽

安能用雙雙起之法以乘龍宜於合龍處建造高屋

爲宅本此陽宅有異於陰地者細推其說不一傍

山之宅以山龍爲本與有正體峯巒秀麗朝拱適在

坐官合局龍氣之方又不用建高屋爲宅本要開門

放水配局則吉矣一宅外得運處有大地坦長貼近

要有屋在此地之前後左右夾住使氣不散專則以

主入宅方是若只一段曠地無蓄則作飛白論則以

此爲龍氣又不用建宅本或開門或放水合之另失

運合局處建輔屋相應亦吉一宅外有元運旺水在

宜作宅本方朝來亦不用建宅本當於坐合卦之三

方作用自應一現成之城隅橋樑池塘衢路井泉與

他家之高屋樓房或秀茂大林竹木適在宅本方亦

不用再建宅本開門放水相應亦可依此取用宅本

之法得矣

　　宅有不能改造趨運救法小康論

宅之衰旺在乎運趨避之法得運方則開門放水疎

通招引使吉氣入宅失運方則塞門改水開井建造

高屋高牆以擋之輔之能事畢矣然有他家樓房臺

閣樹木適在旺方界我旺氣迴來煞風無何解救惟

有對其方 是我合開渠放水滙歸此水口去又於失
運之方 要宅內外之水

運合局並水上三吉星挨至之方開深大井一口以
衰方為旺愈深氣愈高他家既高非井不能擋井在
在宅牆外為吉如在宅內開則井上要通天光使

其井氣冲天高於他家樓房等類則又能界煞迎生
到我宅也 開井重挨星以我本坐之星翻至向分順
元貪巨祿中元文廉武下元破輔弼 逆挨當運三吉星臨井方更吉如坐子癸
甲申貪狼是坐星翻向取當運三吉上 有適當失運
之方門前向正池塘為煞水如水小或半遠不甚逼

六〇

宅則依法改門如上元與中元上一二三四向有池

塘則改六七八九門使門上收當旺之水若中元下

並下元六七八九向有池塘則改一二三四門使門

上亦收本運之吉水此合洛書生成大數亦可小康

如池塘過濶迫近而宅又小則宅氣爲水氣吞奪縱

依法改門亦凶惟於合局之方 玄空大卦局一四

七二五八三六九取

失運處或建高牆或開井以截煞又於得運方開明

窓或大天窓外面一片拆通使有餘地以引氣偹住

房能納之亦能小康存心救世者加之意敷

坐宮陽開陰闔星定例

坐宮	陽開	陰闔
壬子乙巳丙午	陽開在巳	陰闔在戌
癸丑巽未庚	陽開在酉	陰闔在寅
艮卯	陽開在巳	陰闔在子
寅甲辰坤申戌	陽開在亥	陰闔在辰
丁酉	陽開在午	陰闔在亥
乾亥辛	陽開在申	陰闔在辰

宅之陽開陰闔星本奇門九星開闔化成定例凡

陽方有高大樓房端正拱照逐年太陽天喜到必

主生子如此方低陷或外冲射必不生子縱生難

養如陰方有高照逐年太陰紅鸞到必生女如是

方低陷房內黑暗則不生女縱生亦是虛花或將

其方修改明淨俟年辰太陽到合丈尺高低造一

天燈或移房安牀三合其方並牀枕年星白碧與

天喜到房牀決生子無疑其驗萬不一爽得此不

忍自秘願以公世實體天地好生之德欲廣嗣者

宜珍之

中火二星定例

辛火中未寅	坤火中乙丙巳	丙火中丙卯	乙火中申丑	艮火中戌亥	壬火中壬酉
戊火中坤艮	申火中丙卯	午火中乙丙	辰火中艮坤	寅火中壬	子火中辛
乾火中丑癸	庚火中甲午	丁火中辰甲	巽火中丁甲寅未	甲火中子庚	癸火中戌
亥火中庚子	酉火中甲子午	未火中巽巽	巳火中甲午	卯火中癸庚	丑火中乾

中火二星主發貴得祿訣曰中星不起官不顯火
星不起祿不豐 得官而難墜遷又官囊消條者此例數見市本
人用之有驗不驗者何也因不能與坐向會局相

六四

配又不知在得運方宜遠在失運方宜近之故星

雖吉而不驗也蔣公云星隨運變蓋此謂也

向上管局九星定例

子午寅申辰戌六向是武曲管局

丑未卯酉巳亥六向是巨門管局

巽庚丁壬坤五向是破軍管局

甲癸艮辛四向是廉貞管局

乾丙二向是貪狼管局

乙一向是祿存管局

此例係向上管局九星非用以收放水之來去專

謂宅向上得貪巨武三吉如有端正高大樓房或

有來水正直外堂此為恩星朝拱必然發福久遠

得運時貴者愈貴失運亦不大害若向上房屋反

低陷斜歪此為吉星失令亦不發福若是破祿文

廉在向上或水直到內堂必主人丁不旺財產陰

消遇失運時凶者愈凶凡年遇吉神降臨貪巨武

向上必主喜事重重若太歲都天三煞加臨不動

作不為災若向是破祿文廉則凶矣

太歲加貫人科催神驗圖

右圖以洛書生成大數輪佈渾天凡太歲值科

四綠	五黃	六白
丁酉 戊子 己卯 庚午 癸酉 甲子 乙卯 丙午	己亥 乙亥 丙寅 丁巳 戊申 庚寅 辛巳 壬申 癸亥	乙丑 甲戌 癸未 壬辰 壬申 辛巳 辛丑 庚戌 己未 戊辰 戊申
三碧		七赤
乙未 丙戌 丁丑 戊辰 甲辰 辛未 壬戌 癸丑 甲辰		丁卯 丙子 乙酉 甲午 己巳 癸卯 壬子 辛酉 庚午 丙申
二黑		八白
甲辰 乙未 丙戌 丁丑 壬寅 癸巳 庚申 辛亥 壬寅		己巳 戊寅 丁亥 丙申 乙巳 甲寅 癸亥 壬申 庚午
一白		九紫
己巳 庚申 辛亥 壬寅 辛卯 壬午 癸酉 丁卯 戊午 己酉 庚子		辛未 庚辰 己丑 戊戌 乙巳 甲寅 癸亥 壬申 丁未 丙辰 乙丑 甲戌

年而得與貴人同宮以之點天燈催科決應然

是法雖神合者甚罕可知天道之難逢也凡用

催一人即看其人命中太陽科名魁星文星與

命垣恩用諸吉臨燈方或臨命度則應此人若

催一方即看擇日造命之恩用貴星照燈方則

應一方用者宜取 余所刊太陽選擇全表首卷

考之又如癸酉年點巳燈丙子年點酉燈均驗

即此可以類取至燈竿之高低以燈火將平正

屋脊面為合然亦要尺寸之合吉數乃應也

八卦分東西四宅說

易有太極生兩儀陽儀生太陽太陽生乾一為父生

兌二為少女陽儀又生少陰少陰生震四為長男生

離三為中女陰儀生太陰太陰生坤八為母生艮七

為少男陰儀又生少陽少陽生巽五為長女生坎六

為中男故以太陽所生之乾一兌二太陰所生之艮

七坤八合為西四宅以少陰所生之離三震四少陽

所生之巽五坎六合為東四宅是東西兩卦各品太

少之氣不可混雜在本宅四卦之丙互用皆得吉星

東西混雜即得凶星此分界所以要清也看下入宅

遊年圖自識

入宅遊年圖

乾坎艮震巽離坤兌

乾　伏六天五禍絕延生

坎　六伏五天生延絕禍

艮　天五伏六絕禍生延

震　五天六伏延生禍絕

巽　禍生絕延伏天五六

離絕延禍生天伏六五

坤延絕生禍五伏天

兌生禍延絕六五天伏

右圖合宅者必得吉星不合宅者必得凶星然圖

雖八句甚難熟記惟撮其捷者爲易先識畫卦乾三

連坤六斷艮覆碗震仰盂離中虛坎中滿兌上缺巽下斷次念熟乾伏六天五

禍絕延生一句知變上一爻爲生烝貪狼木變上

二爻爲五鬼廉貞火變下一爻爲禍害祿存士變

下二爻爲天醫巨門土變中一爻爲絕命破軍金

心一堂術數珍本古籍叢刊　堪輿類

變上下二爻為六煞文曲水三爻俱變為延年武曲金三爻不變為伏位輔弼木如乾變上一爻是兌為貪兌變上一爻是乾亦為貪餘可類推矣

男女命卦配宅卦例

上元甲子男命起坎一宮 逆取　女命起中五 順取

中元甲子男命起巽四宮 逆取　女命起坤二 順取

下元甲子男命起兌七宮 逆取　女命起艮八 順取

隨六十花甲子一花甲一宮從九宮掌輪至本生

年花甲止看在何宮以所在之宮即命卦如上元

易□紫府寶鑑　卷之二　命卦配宅

生男甲子起一宮乙丑在九宮　命是離　上元甲子生

女甲子起中五乙丑在六宮　命是乾　六十花甲照例

輪取但男命在中五作坤女命在中五作艮又不

論男女命在乾坤艮兌為西四命坎離震巽為東

四命至上中下元年期記卷內三元九宮衰旺總

說條末可考男女命宮既定卽照上遊年圖而知

命宮之吉凶星所宜所忌各六事矣但命有命卦

宅有宅卦多有不能並合宜以命卦論住房臥牀

與灶口灶座四者餘內外各事當以宅卦論之為

陽宅指南　卷□

合入宅明鏡相宅新篇等
書言之詳矣不用贅述

卷一終

陽宅紫府寶鑑卷之二

高明劉文瀾墨池著

男伯陽復元校

門人張作哲珠崖刊

宅圖一十八局

坎宅左城門七一四天元順局之圖

少陽所坐東卦復

八宅九星同佈

各方所剋主生

男女發尊貴得

厚祿並宅煞當

忌吉星所應年

塈已下各順局

開人逆局不贅

也

上元或借此放水下元塞

七赤　生方　申坤　未　絕命

下元行正門上上元宜開

上元近建宅本下元遠並放水癸宅酉方高子申生子

五黃（同）關方　丁午丙　延年

一白　入中　五黃中

上元全申中元上行此大門並遠建應星兼放水

九紫　財方　巽辰　魁星　巽巳坎　生　煞方　八白

天醫　乙卯甲

下元申中元上開食井上元

中元下填復

三碧　庚　酉辛（巽）禍害

壬宅酉方高祿厚子宅辛

放水癸宅酉方高子申生子

癸宅戌煞方忌門六事

方高同斷

二黑　戌　乾　亥　六煞

上元宜后空下元宜右邊

壬子宅戌方高未巳年隻妻

六白　壬　子　癸　伏位　子生方癸發（坐）

壬子宅壬方高發官尊

四綠　丑　艮寅　五鬼　退方

壬子宅寅卒方癸宅寅方高申亥年生女

本宫不論元但內暗外虛

圭見鬼崇

右圖坎宅天元順局乘兌宮龍氣辛酉氣忌庚酉傍山落脈宜乘

單庚或挨申亦吉如無龍氣遠已外在百步建高屋為宅本高正

屋九寸或並放水凡放水擇行正門外宜餘地門

尺八寸合卦方位行正門遠有端正屋

朝惟丁次貼近建高屋在巽宮為應星五寸宅本與

向不宜向次貼近建高屋在巽宮為應星五寸宅本與

開食井此佈成七一四局為下元旺宅命住房灶內分東西

向至換元時先將兌方宅本折改貼近建回次將

巽方應星改建百弓外高低並改行此方大門對

應星返迴連放水或借庫水與開食井衰旺又為之

之氣力厚連放水放坤水與開食井衰旺又為之

一變上元暨中元上三十年居之鴻發矣

按吉星在方凡三元皆可建造樓宇惟在本元

宜遠不能界失元宜近為輔弼

生迴煞失元宜近擋煞以遠近二法通

變甚活以下各局倣此本局得坎離水火正合

惟不能宅向宅本應位相配故發福未免不如

逆局之大且厚矣至分房趨運當依法取用也

如中元上居乾角房次居兌納大門巽氣屋上

元居震方宅本迴近返下元居正房離氣

隨元運以別吉凶移宮換氣以趨吉其捷如響

所謂一步一星隨地變在人仔細辨天心耳

八宅九星
並陰陽官
祿煞方如
上

上元開貪井 辰　巽　巳 ⑨離	上元中元上行門放水 丙　午　丁 ⑨向 下元宜行正門	上元借庫放本宮水 未　坤　申
乙　卯　甲	一白 中 五黃 ⑨中	上元開貪井 庚　酉　辛 ⑨坎 下元放本宮水
本宮決要光明潔淨 丑　艮　寅	壬　子　癸 ⑨坐	戊　乾　亥

陽宅紫府寶鑑　卷　坎宅逆圖

右圖坎宅天元逆局乘巽宮龍氣 傍山落脈宜乘
辰巽氣忌巽巳

單巳或挨丙亦吉 如無龍氣遠建高屋為宅本並開井放

水放巳不或借庫放坤宮行巽方大門吸宅本返

水犯空位或借庫放坤宮行巽方迴之氣

次於兌宮貼近建高屋為應星 又名此佈成四一
輔弼

七局上元與中元上皆稱吉宅至元運一轉卽閉

巽門開行正門將巽宮宅本改建貼近兌宮之應

星拆除改作放水或開明窗引氣此又下元之盛

宅矣

按此宅不惟合局且配天澤雷風水火化機之

妙所謂三元不替之福基上元居兌方星東震

氣入坎居震西對高屋中元上居乾氣力專下

房震震氣有力

元居正房門氣受趨避由人之變換則大宅盡

為陽春矣

坎宅逆圖

坤宅在城門五二入人元順局之圖

太陰所生西

卦八宅九星

同佈

九紫
生炁
乙 卯 甲
禍害
魁星

未宅寅方高屋丑亥年安
上元拆除本方高屋塞貪并
坤申宅乙方高發顯富屋

一白
財方
巽 辰 巳
五鬼
善曜

上元申元上闢巽橫門或闢明窗
生女未宅辰戌煞方忌開方事
未宅巽方高發酉官厚福順坤宅辰
巳高發顯富坤申宅辰高未亥年

六白
午 丁 丙
六煞

下元通昌宅外水引滙此元吉驗
坤申宅丙方高得厚祿下
元闢明窗

（向）
五黃
闢方
艮 丑 寅
坎 炁
入中

下元行正門左邊門角放
水開渠引離方去

三黑
中黃五
離 炁
中宮宜高前后五寸

坤申宅亥方高未戌年安

八白
旺方
坤 申 未
伏位
（坐）

上元后宜空下元宜實
未宅酉方高申子年生子

七赤
退方
癸 子 壬
絕命

上元行此大門

坤申宅子方煞

三碧
煞方
亥 乾 戌
延年

下元申元下闢橫門或明窗

坤申宅亥方高未戌年安

四綠
煞方
辛 酉 庚
天醫

上元宜高屋五尺宜有橫直通

未宅酉方高申子年生子

右圖坤宅左城門人元順局要中宮高於前後層

五寸如一二座脊上 為龍神以袖領入方上上元以

照艮宮作用

坐為重統一七四局符天澤雷火之配后宜作斗

底或護牆左行子癸大門又開巽宮橫門如限地

開明窓次兌宮近建高屋為輔星兼牆外開食井

是一四七局中元上上元全大發至改元又以向

為重宜塞坎門行正門擇丑方放水隨向離宮開

明窓通氣宅內外週身之水開明溝滙歸本宮總

去灸在震宮近建彌星並開食井又次開橫門於

乾宮如不能即開明窓閉去此宮位改移又換作

九三六局以向上中元下下元全吉宅矣
　　　所統

按本局用法與艮宅隨坐向以趨元皆頼中宮

為龍氣以統領一切上元居離角門受大與兌房

后高屋並食中元上住乾方受巽橫門下元居

井堽轉震炁中元上住乾方或明窓氣下元居

正房門受正氣與兌房受震高屋中元下居巽橫門

或明
窓氣逆局倣用

坤宅右城門八二五人元逆局之圖

八宮九星
貪狼

並陰陽官
祿煞方如
上

壬子癸	丑艮寅（離） 向	甲卯乙
戌乾亥	二黑入中 五黃中（坎）	巳巽辰
辛酉庚	申坤未 坐	丁午丙

上元行門坐坤申忌行子

下元行正門放未

上元開正門並塞放水

工元貼近建高屋爲吉彌秀關

上元中元上放水兼開橫門或下元開明窓或百步外建高

上元中元下開橫門或明窓

下元中元下開橫門或明窓

中宮寄高前吉

中宮宜高

上元近建高屋

上元墻外開貪井

右圖坤宅右城門逆局旣以中宮爲重而在上元

則更重平坐以統七四一之局首在兌宮建高屋

貼近宅身爲左輔下元並開食井次在巽宮開橫

門或開明窻並放水又次行子癸大門惟坐坤則申忌子則

合局矣上元全中元上九十年大發也運轉其重

又在向上卽宜改行正門放丑位水爲主隨于震

方貼近宅身建高屋爲右弼宿兼開食井次于乾

宮開橫門或開明窻又於離方百步巳外建高屋

返迴旺氣內開明窻相對以接引之則向之三六

九局又佈成矣下元與中元下九十年與隆弗替
矣

按無正門則坐爲重正門既開則向爲尊故分
二元以作用湊合天心即可以福人也氣趨運
與順　　　　　　　　　　　　　　分房引
局同

震宅在城門六三九地元順局之圖

少陰所
生東卦
入宅九
星同佈

甲宅亥方高酉亥多年生子　乙宅戌方高未辰年生乙宅戌方高未辰年生子　此門

上元近遠宅本下元改遠　上元放本宮水
乙宅戌方宅煞

下元行正門上上元塞

建朝屋

	亥 戌 乾（巺）	四綠 旺方
離（巺）五鬼	辛 酉 庚	五黃 向闕方	絕命 入中
甲宅庚方高發官貴	庚		
財方 魁星	八白	壬 子 癸	天醫
三碧 入中	中 五黃		
七赤 繁方	丙 午 丁（坎）巺		禍害
上元行此大門並放水	九紫 善曜	申 坤 未	

乙宅未高發顯宦

甲卯宅子癸方高得厚祿

乙宅寅煞方忌六事門

乙宅丑方高主厚祿

八白　魁星　子 壬　天醫
六白　艮 丑　六煞　煞方　寅

一白 生方　甲 卯乙 伏位坐
上元居宜空虛

二黑 死煞　辰 巽 巳 延年

下元本宮開橫門並放水
乙卯宅巳方高辰年生子
甲宅辰方高丑亥年生女

下元居高宜有斗底

上元開本宮食井

乙宅辰方煞宅煞

六二

八八

右圖震宅地元順局乘乾宮龍氣

傍山有龍者

乾戌氣忌乾亥

壬亦吉　如無龍氣貼近建高屋代龍氣為宅本行

單亥挨

坤申大門　與向上合洛書生成

大數又合雷風相配

離宮食井佈成六三九局上元全中元上三十年

居此大發至交運時又宜拆乾方高屋遠百步已

外建回開明窓對高屋接返迴之乾氣放離宮水

並開橫門塞坤門開作食井行兌宮正門下元與

中元下共九十年大旺之宅矣

按六九兩宮同旺故運至下元與中元下乾宮

借庫放未位水門

之高屋不能除去惟離遠建回以適能返乾氣

舒徐到宅又有明窗接引最爲力重上元住艮

房受大門中元全六十年俱住巽角中元上三

坤氣中元下三十年宅本下元離宮十年接宅

本坎轉之巽氣遠且有窗引氣居此盡受乾氣矣

有橫門居坎方與住正房門氣此分房各獲其

吉矣

震宅右城門九三六地元逆局之圖

八宅九
星並陰
陽官祿
煞方如
上

未坤申 上元行此大門並放水 下元塞門改水開食井	向 庚酉辛	戌乾亥 坎 上元申中元上近建高屋爲 應星下元拆去開明窓 下元放本宮水坐甲不宜放水
丙午丁 離 玉元拆改百巳外 上元貼近建高屋爲宅本 並開食井	三碧 入中 五黄中	癸子壬
巳巽辰	乙卯甲 坐 上元宜后低	寅艮丑 下元宜后高

陽宅尖必讀　卷二

右圖震宅地元逆局乘離宮龍氣〔乘午丁氣吉忌〕〔傍山有龍落者〕

丙午單丙換巳亦吉　如無龍氣貼近建高屋為宅本並開食

井次放乾宮建高應星照宅〔本應星低宅行坤大門〕〔本五寸〕

放未位水放坤申　行門與向合生成大數放水則

名借庫〔陰地借庫發不長久〕〔陽基換元即改合用〕此建成九三六大局

上元全中元上居之大發至更元運即將離方宅

本建遠三百步已外又拆乾方應星〔不用建回亦〕〔可如要再建〕

又宜遠出百步已外開大明窓於此方通氣閉坤門並開食

井改行正門下元居此大旺矣

按本宅既合三大卦局並九六兩官與向上陰

陽對待交媾如環則天地之化機盡兆於此眞

三元不替之宅也若分房則上元居艮門受氣與

坎受宅本兌中元全居巽上三十年乾應星兌

於轉之坎氣中元全居巽轉巽氣下三十年折

應星開明下元居正房均合趨元就運矣

窓通氣

巽宅在城門一四七天元順局之圖

少陽所生
東卦八宅
九星同佈

中元下行正門三十年大旺

上元百考巳外建屋高宅主為辰宅艮方高發題實
宅未並開大門播氣兼放水

下元乞亥魍近塞門城䅵火閞花食井巽宅寅方高發貴丑年生

巽宅寅方高發貴丑年生

巳宅甲方高主得厚祿

	九紫 普曜 壬子癸 離 生氣	七赤 煞方 丑艮寅 絕命 死煞
五黃 向 關方 亥乾戌 禍害	四綠 入中 中 黃五	二黑 乙卯甲 延年
六白 煞方 辛酉庚 坎 六煞	一白 未坤申	三碧 旺方 辰巽巳 伏位 坐
辰宅坤方高主厚祿	八白 財方 丙午丁 天醫	

辰宅亥方高戌年生子巳
宅戌高未巳年生女

上元貼近建高屋為應星
並開食井巽宅酉方高甲年生
子

巽宅未方高贵官貴

巽宅巳宅午丁方高發顯
官得厚祿
魁星

辰宅後高為煞亥寅年生
女醜惡亂宅家

巳宅後高辰年生子

又午方為毅忌大事者尚
出一狀誰官民顯貴

一下元折應星不建復改
作大門並放水

右圖巽宅天元順局乘坎宮龍氣 傍山有龍落者

壬子單壬 癸亥亦吉 如無龍氣卽宜遠在百步已外建高屋 乘子癸氣吉忌

為宅本復開大門以對之樓返迴之旺氣并放水

放水擇合卦方 次於兌方貼近建左輔應星兼開
自不犯空位

食井與坐家一四七局上元之福宅也換元急將

坎方屋拆建貼近開大門行兌宮此方高屋拆去

不用填食井改開坎宮天井水並放本宮下元合

吉中元下三十年行正門亦合正運轉移之間元

繼旺所謂天根月窟頻來往三十六宮都是春也

按坎離二氣盤桓於天地之間其氣一交而成

乎乾成乎坤也山川本此氣以生萬物陽基更

賴此氣以定與衰茲本局四宮為坐乃乘一宮

離氣為宅本用七宮坎氣為應星此一局中二

氣相鑄故坎宜建屋以存形接氣又不可無應

星以輔佐成局更事遠近一法以為趨避之原

若兑已有行門放水引氣歸宅矣下元可以除

應星而不用各房居住上元住離角大門接迴

力專而大與震角

而大與震角　受兑應星兑轉之震氣中元下住

上元下二十年大旺

正房下元亦住離角受宅本貼近智者隨元擇
兌轉離氣
用爲要也

異宅右城門七四一天元逆局之圖

八宅九
星並陰
陽官祿
煞方如
上

	向	
辛酉庚 孫 下元遠建高屋為宅本開大門樓氣並放水	戌乾亥	壬子癸 氣 妖 上元行此大門兼放水 中元下行正門 下元貼近建前為應星並開貴井
回迎開合井 上元塞門折宅本貼近起	四入中 中黃五	丑艮寅
丙午丁	辰巽巳 坐 上元中元上宜辰低窟 換元宜高貴窟	甲卯乙

九八

右圖巽宅天元逆局乘兑官龍氣傍山有龍落者

庚丙罪庚乘辛酉氣吉忌

按申亦吉如無龍氣卽在本宫貼近建高屋爲宅

本並開食井行坎宫大門連放水向上有端正大

屋朝拱更吉合洛書生成大數此七四一局上元

君之興發難量至交運時兑宫宅本折建百步已

外開大門向之接返迴兑氣塞舊井改開坎位又

於坎方貼近建高屋爲應星反覆變換又爲下元

吉宅矣

按本局宅本合宅向合門水本貼近爲主

上元七宫宅

巽宅逆圖

一宮門水為應下元七宮門水與宅本在遠返

迴之氣為龍又為主坎宮近建高屋為應星為

右弼並銜井取水此相配之妙氣長而大三元

氣接天旺氣及宅此相配之妙氣長而大三元

大旺而不替也上元居離角受大下元亦合貼受

近應星塊上元又居震角受宅本貼近並下元

轉離氣宅本建遠大門中元下三十年住正房大受

均吉接氣入震角食井塊轉震氣下元

門氣一宅之中方方有元運所主隨人趨避之耳

土府局

四綠	九紫	三黑
辰巽巳	丙午丁	坤未申
東命人佐房	東命人佐房	西命人佐房
並灶口向方	並灶口向方	並灶口向方
		上元本方不宜建高屋樓身週圍水滙此去
三碧	皇極	七赤
甲卯乙	五黃中	庚酉辛
東命人佐房	每管自分八方為子孫東西南分房居住	西命人佐房
並灶口向方		並灶口向方
八白	一白	六白
丑艮寅	壬子癸	戌乾亥
兩命人佐房	東命人佐房	嗣府八佐房
並灶口向方	並灶口向方	宜灶口向方
下元不用輔星只要櫳地圍水滙此去	上元本方仲公高屋為輔星相應	

右圖本局乃樓之宅同 土府 其用不論坐向乃九宮

之崇主入宅之統領坐向雖有二十四方門戶開

敢雖是進氣但其獨崇一方必頼二入兩宮順逆

以成局故樓居首言輔屋趨運之法下則重門上

則重明窓與天窓爲引氣若點層間與屋有別屋

則自門至坐此則自下至上點去 地爲第一層以

至上論餘無他法 一二三四自下

吉凶

土府局同

週身之水開明溝滙秀方

上元不用有屋只將橫身門向本宮下元不用作法門向本宮中元下下爻

宜餘地寬爽

	四綠 巽巳辰	九紫 丙午丁	二黑 坤未申
上	換元如法開井	太平井 上元如法開	下元本方建高屋為輔星相應上元如法開井
中	門向本宮中元上元全不用作法只要餘地寬	皇極 中 五黃 安神位恐犯神煞	七赤 庚酉辛
下	下元如法開深大井 元上元不用作法	每開每簷前後房恐神煞相應五黃大煞中宮為災	上元如法開太平井
	三碧 甲卯乙	皇極 中 五黃	六白 乾亥戌
	下元不用輔星只要橫身週圍之水開明溝滙秀方	一白 壬子癸	換元宜在門外如法開井
	八白 艮丑寅	二白 子癸	門向本宮下元輔開爻八巳丙常中開深大太平井
	上元本方建高屋為輔星相應	上元不用只要餘地寬潤	
	門向此元下元不用作法上元如法開井		

右圖中五局順逆不在外局城門取用蓋取重於

上下二元之放水是自爲城門也上元放坤水二

五入局艮方建屋爲應下元放艮水入五二局坤

方建高屋爲應而二十四向趨運擋煞以開明窻

與開太平井二法其用畢矣

按三層爲樓二層爲土府法雖無二然開井擋

煞遇土府則約深丈入樓則要深二丈七尺之

間爲合因井愈深而氣愈高水光接天故能擋

煞兼迴吉氣也

太陽所生
西卦八宅
九星同佈

下元百步巳外建高屋為戊乾宅坤申方高發官祿

宅本上元折改貼近並門

魁星善曜

乾亥宅午方宅煞忌六神門

一白
丁
午　離　死气　絕命　丙

中元上元行大門

向
關方
五黃
巽
辰
巳
禍害

六白
入中
中黃五

三碧
死气
未　坤　申
延年

四綠
死煞
甲　卯　乙　坎　五鬼

乾亥宅甲方高寅午上少年生子

九紫
煞方
寅　艮　丑
天醫　酉

乾戌宅艮寅方高豪尊官厚祿

戊乾亥宅辰方高尪亥年生

上元放水或作大門下元開

下元九借庫放水或開橫門

中元下下元坐后宜虛擴
元宜高實

八白
生方
庚
酉　辛
生气

乾亥宅庚方高發官祿

七赤
旺气
戊　乾　亥
伏位
坐

戊宅亥方高戌年次生子

二黑
生方
壬　子　癸
六煞

乾亥宅子癸方高興旺福厚祿

右圖乾宅左城門順局離宮爲龍氣有龍乘龍午乘

丁氣吉忌丙午單 丙或挨巳亦吉 無龍貼近建高屋爲宅本並開

食井行正大門次放震宮水本 上元六十年丙亦宜 官開門中元上三

十年行正 此佈成九六三局是上元之大旺宅矣

門爲妙

中元上同 若元運變換宜折巽方宅本遠建百步巳外

開大門以對之接返迴之離氣次開食井於震方

借艮宮放水或開橫門於其方變爲下元吉宅矣

中元下同

按離爲先天之乾震爲先天之離脈絡相貫氣

屬一家作用依此故爲吉宅然分房各有妙處

所謂一步一星隨地變也上元居兌行震巽大

方俱居坤亦吉門均合中元上居正房受向下
旺氣 行震巽 門引至兌

元居坎門氣居艮亦合受離氣足 要宅形器長 上氣

能用耳 盡在人之

八宅九星

並陰陽官

祿煞方如

上

下元行此大門門前百步已外建高屋為應星門邊放水

去元開食井並折應星建近宅邊

上元中元上行正門

	向	
甲卯乙 （離）	辰巽巳	丙午丁 （坎）
丑艮寅	入中六 五黃中	未坤申
癸子壬	戌乾亥 （坐）	辛酉庚

上元百步已外建高屋為宅本更門明窗樓氣並放水

下元借廳放水並開橫門

下元填水塞密折宅本進節近並開食井

一〇八

右圖乾宅右城門逆局乘震宮龍氣乘乙卯吉忌傍山有龍悉

甲卯單甲或如無龍建高屋在百步已外為宅本挨寅亦吉

更開明窓接氣並放水行正門或行震大門俱合

開食井於離再此方貼近建高屋為應星是三九

六之局佈成矣上元居此宅不大發乎至大運一

變速折宅本貼近建回改開食井於此次塞正門

行離宮大門門前百步已外建高屋為應星門邊

宜放水若放艮方名借庫亦吉更開橫門則兩門

之氣盡屬一元下元真大福宅也

按本宅住房上元居兌中元居正下元居坎故

旺然上元居坤之旺又不若下元時更旺也_下元

開艮橫門且得水口引來之又離方大門

之氣撞墙冲動是收兩旺此吉之極也

兌宅左城門四七一天元順局之圖

太陽所生　西卦八宅　九星同佈

上元甲子百步巳外建高屋為生氣　庚酉宅午方高得厚祿　陳酉宅未高得厚祿　兼宅身開朗卷引氣　巳年生子

下元甲子開窗折宅本建近　兼開長井葬宅候高　丑亥年生女　兼歉方

上元行天門五元開改欄牆

巽（巳 巽 辰）SE	離（丙 午 丁）S	坤（未 坤 申）SW
旺方　六白　生氣　二黑	向　開方　二黑　五鬼	死方　四綠　天醫

震（甲 卯 乙）E	中宮	兌（庚 酉 辛）W
向　絕命　七赤　入中	中黃五　五黃	煞方　九紫　伏位（坐）

艮（丑 艮 寅）NE	坎（壬 子 癸）N	乾（戌 乾 亥）NW
善曜　一白　延年	三碧　死煞　禍害	八白　生方　生氣

下元行尖門　上元舉水門　五元開發井　五項左乾放水辛乾巽壬低為高發顯

庚酉黃方熬長炎事　酉宅此高上元放水並百步巳外建高屋為　癸丑年生女此酉方高必未出贅

兌宅此方局敗害甚凶

西宅亥方高午辰年生子

右圖兌宅左城門順局宅右角巽宮爲龍氣即離

宅本如本宮有龍落即要乘氣傍山乘辛酉氣吉又
之方

申方若無龍即遠建高屋爲宅本屋身開明窻相吉庚酉單庚或挨

對接返迴之氣行正大門放坎宮水更於百步已

外建高屋爲應星開艮宮食井合生成數此佈成

四七一局並借食旺水上元大發之宅中元逢改上同

元運即將巽宮宅本折改近建近能並閉明窻開檔煞

本宮食井次閉正門改行艮方塡去食井向此擇

合卦位放水又拆坎宮應星貼近建復依此更換

而氣機又是下元旺宅中元下三

按有巽坎二屋夾宅當運百步已列則氣從門入獨專中元上房住乾方迴受巽恣引上元住正房正氣受應星近迴與下元住坤房引來氣又住坎迎生專煞中元上三十年住巽房受宅本界煞皆得大發也

兌宅右門城天元一七四逆局之圖

八宅九星
並陰陽官祿煞方如
上

上元行正門下元畝艮 上元關食井 丑艮寅	向 甲卯乙 下元行門並放水上元塞去 下元行門並放水上元塞	巳 辰　巽（坎） 上元中上百步剡建商星為應星下元近 下元中元下開食井換元塞去
下元析近塞水 壬子癸（離）	七赤入中 五黃中 上元建高屋在百步外為宅本並放水	丙午丁
戌乾亥	伏位 庚酉辛 坐	未坤申

右圖兌宅右城門逆局宅左坎宮爲龍氣如本宮

有龍氣落者要認眞乘氣　傍山乘子癸氣吉忌
　　　　　　　　　　　壬子單工艮亥亦吉若

無龍乘氣宜近處建高屋爲宅本屋身開明窓接

返迴之氣並放水行正門食艮井次於巽宮百步

已外建高屋爲應星佈成一七四局上元居此爲

吉宅中元上同當元運換時塞正門改行艮官首

將坎方宅本拆建貼近並塞舊放水次拆巽方應

星近宅身建復連在本宮開食井又是下元吉宅

也中元下三十年同

按本局宅本會坐宅坐宅會應星三宮一卦而

宅向震宮又得宅本配之而向復配應星天澤

雷火之氣盡兆於此居之寧不三元不替乎元運

住房與

順局同

艮宅左城門二八五八元順局之圖

太陰所生

西卦八宅

九星同佈

三碧　煞方	下元行此方天門	向　五黃　闢方	食井　上元建高屋為應星主開

上元建高屋為應星主開

下元中元下放水或開橋門或開艮寅宅壬方高發顯官厚祿

共庚酉方高申子年生子艮寅宅乙辛酉方高發豐富丑艮方煞方

明窗寬窄亥方高戌年生子乾亥方高發顯官厚祿

食井　財方　一白　魁星

辛　酉　庚　延年

生氣　九紫　乾　戌　亥　天醫

煞方　四綠　癸　子　壬　五鬼

子方高卯酉年生女亂家

上元本方宜通氣

上元后宜高下下元宜空

三碧　煞方	下元行此方天門	向　闢方　五黃
丙　午　丁　禍害	上元行正門下元開巽方	申　坤　未　離　生氣
七赤　退方　巽　巳	上元中元上放水	八白　入中
寅宅辰方高丑亥生女艮宅巳方高長年生子	絕命　善曜	中　黃　五　坎　死
六白　甲　卯　乙　六煞	下元本宮貼近建禍屋	小窟　高於前　後宜平
下元在本方牆外開食井		壬宅寅方高亥年生女　二黑　旺方　丑　艮　寅　伏位　坐

右圖艮宅左城門人元順局中宮宜高前後座五

寸以收入方之氣 如屋止一座或二座則無中座要於正座樑眷上中間凡上元重門

以黃色灰結一四方印以象皇極橫

直一尺高五寸取合二五之數也

向統一四七局配天澤雷火之化機首開向上大

門則來氣入宅長而厚或對面有高屋重叠屑屑

昌拜而下更為上格 前屋昌拜氣從此為宅本深

厚也次在坎官開窗通其氣又次放巽官水坐艮 高而下其力厚　丑放

貼近宅邊建高屋為應星又為 成向上一四七局

辰巽水坐寅放已水凡二十四山俱

要天放天元地要放地元入放人元再次於兌方

上元之最吉宅也若元運一換又以坐為重急閉

正門改行離門次改放乾水又次在震宮貼近建

高屋為應星又為左輔成為坐家九六三局下元與旺

無涯矣

按二八統五成局賴黃極之氣以袖領八方運

至向則以向為用向自有統領之局運至坐則

以坐為統領亦自有坐統配之局皆本元運以

括乎先天陰陽對待之妙至房牀趨運上元住

正房門受正氣與震角受兌方應星並與離角方窻

正房門氣與震角井返迴震氣受坎

氣下元閉窗住坎角離氣受大門及震角受本官高屋並牆外井墩

氣廻兌中元下三十年住巽房為大旺受橫門並放水引回之乾

氣更得命卦東西配合真為全美矣

八宅九星並
陰陽官祿態
方如上

	向	
丙午丁 下元行些大門	未坤申 坎 上元向上擇門邊合卦字位放水	辛酉庚 上元關貪井 下元借本宮放水 上元行正門
辰巽巳	合中 中 五黃 離 中寫 於後 曆至	亥乾戌 下元虫下或開橫門朋態
甲卯乙 下元宅木關貪井	寅艮丑 坐 下元建高屋貼近爲宅本	壬子癸 元作后斗底或護墻窒高近

陽宅紫府寶鑑（清木刻原本）

卷之三　艮宅逆圖

〔二一〕

右圖艮宅右城門人元逆局此以中宮爲宅本自

成五八二局不同統局也中五比上順局較重眷上如式造方印謹以五

年一修並
中宮掛紅　上元行正門擇門邊合卦字位放水暗開

溝引歸
坎宮夬　食兌宮井合洛書生成大數座后宜作斗

底並護墻衛后上元此宅大發至換下元又重坐

家八宮統三六九局即折清後護先建震宮高屋

爲借宅本並此方屋外開食井　宜合坐家次放六
三卦字位家次放六

宮水人各卦內　又次閉正門開離方大門則坐
亦以合天地

家之局成矣七八九之正運固旺六宮雙卦同氣

亦稱並旺矣

按順局貼運在向言向在坐論坐皆以統局為

主本逆局上元行正門則中五自然之配惟下

元以坐當權則應重在坐之統局也此宅運所

謂一卦止得一卦之用上元利正房門受正

隨宅形區濶狹長以定耳

離宅左城門三九六地元順局之圖

少陰所生

東卦八宅

九星同佈

上元中元上借方開井易元臺上元遠建高屋為宅本並於元丙午宅巳方高辰年生子
折近兼開食井

下元借放水

三碧 生方 艮　寅 丑 禍害	向 五黃 關方 壬　子　癸 延年	七赤 死 乙　卯　甲 離 生
一白 煞方 亥　乾　坎　絕命 戌	九紫 入中 中黃五	八白 善曜 辰　巽　巳 天醫
二黑 退 庚　酉　辛	四綠 生方 丙　午　丁 伏位	
六白 財方 魁星 未　坤　申 六煞	上元行正門	丙宅卯乙方高峰尊官厚祿

丙午戌方高未巳年生亥宅亥方
高辰甲年生女丁宅辰戌方煞

上白元近建高壁為龍星換元
改建百老外並作大門

丙宅卯乙方高峰尊官厚祿

丙午坐丙倍高利發顯官
丁宅卯方高卯年生子

丁宅巳方高發貴辰方得鳳祿

上元宅廣宜高貴

右圖離宅在城門地元順局乘震宮龍氣
傍山有
龍氣滲

者乘乙卯氣吉忌甲
卯單甲挨寅亦吉　如無龍氣在百步已外建高

屋為宅本并放水行正門次於乾宮貼近建高屋

為應星借艮宮開井成三六九局上元此宅大發

至元運稍更將震宮宅本折建貼近兼開食井乾

宮應星折建離遠本方改作大門又借艮宮放水

依此改換真奪天地之化機下元與中元下居此

發福無既矣

按本局借庫開井放水則艮八之力能統地元

一卦三宮之妙用乃此宅之關竅雖非相配而

發福亦不亞於逆局也上元居正房門受正氣中元

上居巽堆轉巽氣中元下亦居巽應星遠受返乾氣並大

應星近受

門入氣力下元居兌受宅本堆迴乾氣並大

專而厚轉兌氣上元亦吉遠受

返迴震氣在人之善趨耳

八宅九星
並陰陽官
祿煞方如
上

下元借本宮放水兼開門密　上元百步巳外建高屋為應星　並放水	向　上元行正門 壬子癸	上元貼近建高屋為宅本兼開　食巺 下元金申元下行巺門填食巺　蓮宅本 戌乾亥　離　巺 丑艮寅
下元開食井塞放水建近應星 甲卯乙 坎	九紫入中 中黃五	庚酉辛
辰巺巳	丙午丁 坐	甲坤未

陽宅紫府寶鑑（清木刻原本）

右圖離宅右城門地元逆局乘乾宮龍氣傍山有龍落者

乘乾戌氣忌乾亥單亥挨壬亦吉

為宅本兼開食井行向上正門次在震宮百步已如無龍氣在本宮貼近建高屋

外建高屋為應星低宅本五寸並放水佈成六九三局

此宅上元與中元上鴻發也至元運更時拆乾宅

本建遠填食井閉正門改此大門取坎氣移並借歸西北

庫放艮宮水兼開明窗穿震井復折應星建回貼

近則又下元與中元下之吉宅矣

按本宅上元截西北之風引正東之氣則龍局

同乎一元下元更換通乾風中元同引艮氣塞震

煞而食井兩元各處旺方不獨合局之吉且收

相兼之妙豈非三元一氣之大宅乎分一房引氣趨運與上

順局同

凡宅圖一十八局首重以宅本與應星次改門

開窓放水穿井之大用爲趨避元運之要樞但

自建一方之宅有餘地者可以任意改移如連

甍接宅而居何能左右添置一桁一瓦乎是限

於地而不用言矣則只論放水開窓天窓亦能接引吉氣

或改門或移房亦能致福所謂大用之則大效

小門之則小效也已上圖惟述作宅全局之秘

旨爲人所取法耳篇內局所注用法或詳或畧

不能盡述閱者宜合觀之方能盡所用也

陽宅紫府寶鑑卷之三

　　　　　　　高明劉文瀾墨池著

　　　　門人張作哲珠崖刊　男伯陽復元校

宅星入中飛加各方吉凶六事用

宅星者本宅之星以之入中也坐坎一白入中離九
　紫入中震三碧入中
　兌七赤入中之類

皆順飛入方以八方所得星生宅為生氣
坐坎六白七赤宅星生方星為生氣之類
方為生氣之類宅星生方星為退氣遇紫白為善曜
宅星尅宅星為殺氣宅星尅方星為死氣遇紫白為
方星尅宅星為殺氣宅星尅方星為死氣遇紫白為

魁星爲財比和爲旺氣五黃爲關方所主六事以房

井灶畜欄宜生旺方退方五黃方亦可開井要在失運之方返

爲旺牀宜旺方忌生煞方碓磨亦忌煞方宜財星方厠

宜退死方惟灶司一家禍福所關甚重既擇坐家生

旺之方安之其灶向實要向宅主命卦之四吉方座

與向定後隨選灶口生氣方埋氷缸米倉如灶向九紫入中三

碧到艮四綠巽二方爲生氣此二方

安水缸大利積薪與安米倉俱吉

領以主一宅內入方之吉凶矣此係宅星之統

屑間星入中管屑間吉凶用

層間星者本層間之星入中以論本層間之生剋亦

向宅星入中飛佈取用　如第一間第一層一白入中
第二層第二間二黑入中之

類若樓閣以地下層為第一層從此層數生旺有六

事動用本層間受禍關煞方有六事動用本層間受

禍居住者切宜知所趨避也

層間大門房牀位調遞總訣

太歲每年所值之星名歲建以之入中飛加層間與

大門二者各得之星復入中官飛佈定層間並全屋

之吉凶　以層間所得星入中飛加本層間內之入方

論本層間內之吉凶又大門之星入中飛加

屋內各方以定全屋內之吉凶一以年星加層間入中飛佈以論一間一層內房門及房內牀位宜忌各事卽將本層間所得之星入中飛回本層間所有住房之門看得何星又入中飛到本住房內之牀位看吉凶星以定災福如六白值年將六白加第一層間七赤值年又將七赤加第一層間如第一層間有房門七赤在艮牀在房內離位卽以七赤入中艮門得一白復將一白入中離位之牀卽得五黃矣用法首看歲星入中加層間次看大門星無大門看間落次又看年星加間吉凶均論星之調遞凶多決凶吉多決吉如吉凶參半卽論有無神煞併臨如調遞得凶星多此方有吉神坐守不憂凶止小災而已如凶煞併守

決主損人大凶矣

三元大運每年值九星定例　每年逆取星順飛宮按嘉慶九年交

入下元見上三元
九宮衰旺條未

上元六十年

甲子一白乙丑九紫至壬申二黑癸酉復輪一白

甲戌九紫乙亥八白至壬午一白癸未復輪九紫

已上二十年上元上主管

甲申入白乙酉七赤至壬辰九紫癸巳復輪一白

甲午七赤乙未六白至壬寅入白癸卯復輪七赤

陰宅撮要　卷

已上二十年上元中主管

甲辰　六白　乙巳　五黃　至壬子　七赤　癸丑　復輪六白

甲寅　五黃　乙卯　四綠　至壬戌　六白　癸亥　復輪五黃

已上二十年上元下主管

中元六十年

甲子　四綠　乙丑　三碧　至壬申　五黃　癸酉　復輪四綠

甲戌　三碧　乙亥　二黑　至壬午　四綠　癸未　復輪三碧

已上二十年中元上主管

甲申　二黑　乙酉　一白　至壬辰　三碧　癸巳　復輪二黑

甲午 一白 乙未 九紫 至壬寅 二黑 癸卯 復輪 一白

已上二十年中元中主管

甲辰 九紫 乙巳 八白 至壬子 一白 癸丑 復輪 九紫

甲寅 八白 乙卯 七赤 至壬戌 九紫 癸亥 復輪 八白

已上二十年中元下主管

下元六十年

甲子 七赤 乙丑 六白 至壬申 八白 癸酉 復輪 七赤

甲戌 六白 乙亥 五黃 至壬午 七赤 癸未 復輪 六白

已上三十年下元上主管

陽宅紫府寶鑑 卷之三 三元九星例

四

〔三七〕

甲申五黃 乙酉四綠 至壬辰 六白癸巳 復輪五黃

甲午四綠 乙未三碧 至壬寅 五黃癸卯 復輪四綠

巳上二十年下元中主管

甲辰三碧 乙巳二黑 至壬子 四綠癸丑 復輪三碧

甲寅二黑 乙卯一白 至壬戌 三碧癸亥 復輪二黑

巳上二十年下元下主管

一百八十年一大三元六十年內具一小三元玄

空大卦本於此分子午卯酉為天元一四七局分

寅申巳亥為人元二五八局分辰戌丑未為地元

三六九局故排運定氣神驗不爽陽基首重此矣

太歲一星調替法

　　值年星爲暗建對宮爲暗破如一白值年即暗建九

　　紫即暗破二星

　　雖吉俱以爲凶

調者以本年星入中爲主飛洒諸星於各層間如下

元壬辰年六白值年即將六白入中輪三碧到坤配

層第二層配間則第二間是也

遞者以飛到之星復入中而替換星辰也如六白入

中三碧飛到第二間再以三碧入中而替到坤位則

又九紫到第二間矣每間皆如此

歲星入中飛加層間圖

層間	九紫入中（調）	九紫入中（遞）	八白入中	八白入中	七赤入中	七赤入中
一層間	五	一	四	九	三	八
二層間	六	三	五	二	四	一
三層間	七	五	六	四	五	三
四層間	八	七	七	六	六	五
五層間	九	九	八	八	七	七
六層間	一	二	九	一	八	九
七層間	二	四	一	三	九	二
八層間	三	六	二	五	一	四
九層間	四	八	三	七	二	六

陽宅紫府寶鑑

歲星飛局圖

五黃年		四綠年		三碧年		二黑年		一白年	
三	七	四	八	五	九	六	一	七	二
五	八	六	九	七	一	八	二	九	三
七	九	八	一	九	二	一	三	二	四
九	一	一	二	二	三	三	四	四	五
二	二	三	三	四	四	五	五	六	六
四	三	五	四	六	五	七	六	八	七
六	四	七	五	八	六	九	七	一	八
八	五	九	六	一	七	二	八	三	九
一	六	二	七	三	八	四	九	五	一

三碧牟		一白牟			
調	遯			小字	
七	三	六	二	一	一白
八	五	七	四	二	二黑
九	七	八	六	三	三碧
一	九	九	八	四	四綠
二	二	一	一	五	五黃
三	四	二	三	六	六白
四	六	三	五	七	七赤
五	八	四	七	八	八白
六	一	五	九	九	九紫

歲星加層間調法遯

值年之星不以入中宮止加於層間飛佈各方如下

元壬辰年六白入中卽於第一層間起六白第二層

間七赤第三間八白復將間上所得星入中依法替

去用以知凶中有吉吉中有凶如壬辰六白入中第
一間得六白應利矣然將六白入中而替到坎則二
黑到坎為調吉替凶第二間七赤旣不吉乃以七赤
入中而替四綠到坤則坤宮又得四綠為調遞皆凶
耳

歲星加層間調替圖

九紫命年	第一層間	第二層間	第三層間	第四層間	第五層間	第六層間	第七層間	第八層間	第九層間
調	九	一	二	三	四	五	六	七	八
遞	五	七	九	二	四	六	八	一	三

圖書集成　卷

八百八牟		七百八牟		六百八牟		五百八牟	
八	四	七	三	六	二	五	一
九	六	八	五	七	四	六	三
一	八	九	七	八	六	七	五
二	一	一	九	九	八	八	七
三	三	二	二	一	一	九	九
四	五	三	四	二	三	二	二
五	七	四	六	三	五	四	四
六	九	五	八	四	七	六	六
七	二	六	一	五	九	八	八

歲星所屬間

宮位	◯四綠	◯三碧	◯二黑	◯一白
坎一	九	八	七	六
坤二	一	九	八	七
震三	二	一	九	八
巽四	三	二	一	九
中五	四	三	二	一
乾六	五	四	三	二
兌七	六	五	四	三
艮八	七	六	五	四
離九	八	七	六	五

歲星飛加大門調間法

值年星入中飛加至門看得何星卽將門上所得之

星復入中替至各層間假如下元中壬辰年六白入

中卽以六白輪到門上若開艮門則九紫到艮次將

九紫復入中替到第一間得五黃第二間六白第三

間七赤第四間八白輪去若住第一間爲犯五黃凶

凡房牀一二黃加臨輕多則重與二黑七赤同到逢

太歲戊己都天三煞併臨決主此間傷人惟天月歲

三德到可解

歲星飛加大門調間圖

是歲飛門門飛間法
星之行直看橫尋間此
歲飛門門飛間法

先查歲星直行次橫尋
大門得何星又尋所得

	第一層間	第二層間	第三層間	第四層間	第五層間	第六層間	第七層間	第八層間	第九層間
歲九紫調門間五	六	七	八	九	一	二	三	四	
歲八白調門間四	五	六	七	八	九	一	二	三	
歲七赤調門間三	四	五	六	七	八	九	一	二	
歲六白調門間二	三	四	五	六	七	八	九	一	
歲五黄調門間一	二	三	四	五	六	七	八	九	

歲四綠調間九	一	二	三	四	五	六	七	八
歲三碧調門間八	九	一	二	三	四	五	六	七
歲二黑調門間七	八	九	一	二	三	四	五	六
歲一白調門間六	七	八	九	一	二	三	四	五

歲星加層間調房門牀位訣

一坎大門
二坤大門
三震大門
四巽大門
五中
六乾大門
七兌大門
八艮大門
九離大門

值年之星加層間入中即以間上所得之星復入中

輪至本間房門看得何星即將所得星入中飛加至

牀位隨星之吉凶以主災福假如下元壬辰年六白

加第一間七赤二間入白三間就住第三間如開艮

房門床安離方卽以八白入中二黑到艮門又以二

黑八中則六白到離方牀位矣夫牀爲有嗣之所夫

婦安危並繫六事之中首一重大照法飛佈逢三白

臨鎮天喜紫微龍德同守牀方太陽三合關拱之年

又房內明潔外無冲射決生好子不爽也

歲星加層間調房門牀位圖

先看間星直行次橫尋房門宮如壬子癸房

門尋坎宮

陽宅某月寶鏡　卷之三

所得何星又尋所得星之行直看橫尋牀位

如甲卯乙三字　每行以頂頭字為人中凡各
牀位尋震宮

間各房門各牀位所得星即看頂頭字左查

下橫入卦宮相對字便是房牀星也各宮看

房門則作房門所得星看牀位則作牀位所

得星活用　如第一間坤房門巽方牀位若以
九紫為間星入中即查九紫行自

頂頭看下橫對坤宮得六白為房門所得星
又查六白為頂頭字之行直看下橫對巽宮

所得星餘倣此
得五黃為巽牀位

陽宅紫府寶鑑　卷之三　蔵星屋間詬房牀

間	蔵星六白加間房牀六	蔵星五黄加間房牀五	蔵星四綠加間房牀四	蔵星三碧加間房牀三	蔵星二黑加間房牀二	蔵星一白加間房牀一	蔵星九紫加間房牀九	蔵星八白加間房牀八
二間	七	六	五	四	三	二	一	九
三間	八	七	六	五	四	三	二	一
四間	九	八	七	六	五	四	三	二
五間	一	九	八	七	六	五	四	三
六間	二	一	九	八	七	六	五	四
七間	三	二	一	九	八	七	六	五
八間	四	三	二	一	九	八	七	六
九間	五	四	三	二	一	九	八	七

臺閣暴七　八九　一　二　三　四　五　六

壬甲　武　兌乾良　離　坎　震

月建入中調遁諸星法

每年太歲諸星飛酒九宮定一年之吉凶亦必以月
躔入中飛輪各方知各方之吉凶應於何月至日時
躔星施於陽宅較輕是可畧也凡值子午卯酉年八
白起正月辰戌丑未五黃起正月寅申巳亥二黑起
正月俱逆取順飛　如入白正月九紫二月七赤三月
正月星星逆取飛宮則順

皆自正月

每年值月星圖

月	子午卯酉年	辰戌丑未年	寅申巳亥年
正	八白	五黃	二黑
二	七赤	四綠	一白
三	六白	三碧	九紫
四	五黃	二黑	八白
五	四綠	一白	七赤
六	三碧	九紫	六白
七	二黑	八白	五黃
八	一白	七赤	四綠
九	九紫	六白	三碧
十	八白	五黃	二黑
十一	七赤	四綠	一白
十二	六白	三碧	九紫

箕疇秘旨

太歲一星不可犯如六白值年入中宮就以六白為

太歲屬金凡六白所到卽太歲所占之方犯之大凶

要知受病被害在何人以本宅坐向方偶所值八卦

加來九星定之并詳天干地支以決人事如下元壬

辰六白太歲三月到艮金入土鄉受土生應吉惟犯

暗建少男不利八月到巽金來尅太又犯暗建長婦

為家長所責甲寅乙卯命被災頭病餘倣此推

太歲干支為明建三元九疇為暗建對冲為暗破

上元甲子起坎一中元甲子起巽四下元甲子起

兑七凡甲子皆逆行九疇皆順衍如下元甲子年

七赤入中乙丑六白入中皆爲太歲暗建今下元

道光壬辰年到乾則以六白入中爲太歲暗建巽

四綠爲暗破一年逆進一位又以月星調遞如壬

辰三月太歲暗建在艮暗破在乾遞四月二黑在

中太歲暗建在離九暗破在七赤五月一白在中

太歲暗建在坎一暗破在艮八餘做此叠凶如歲

破三煞官符金神都天大小月建陰符箭叒暗黃

的命白虎黃旛豹尾的流之類或二三件同到冲

刑本命也

下三旬取用

若太歲一星到歲德德合本位不忌但要分上中

箕疇加宮　吉凶隨宮所斷並
與本方原星同參

六白到兌吉到坎及中宮全吉到坤中下旬吉上旬

戌刑未到艮中旬金土相生下旬水生木皆吉上旬

丑戌相刑不利到震上旬乾納甲下旬水生木吉中

旬受尅到中全吉到巽上旬辰戌冲中旬受尅下旬

巳亥相冲亥水尅巳火凶到離先天本位上旬吉中

下旬凶

六白還乾有氣修進錢財　暗建下犯上父長憂

辱尅犯木命骨肉殘損殺傷盜賊

六白在兌有氣武功大利修進金寶　暗建犯上

肺疾痰火鼻痔交劍殺傷盜賊骨肉殘損爭產財

散吉催孕

六白在艮金土相生修進財祿生丁　暗建犯上

凌宅主責罰少男上旬交戰煞傷瘋顛痼瘵

六白在離老父腫病咳痰大腸鼻病　暗建下尅

上仲婦仵公受尅交戰殺傷頭腦筋肢受病鞍馬

勞傷

六白在坎金生水宅主順遂或因商賈發財　暗

建中男花費錢財得令修生貴子功名顯達或典

庫水利廣增金寶

六白在坤金土發錢財進田牛生子　暗建老父

母欠安頭腦肢筋肚腹受病上旬瘋顚痼瘵疊凶

交戰殺傷賣產犯刑名

六白在震尅宮非禍橫加　暗建災責長男疊凶

交戰殺傷困金玉寶石爭鬪生非頭痛

六白在巽尅宮官事牽連　暗建宅主責長婦貪

圖往返少成多敗爻戰煞傷頭痛

六白在中有氣發福修造進金銀老爻安享廣增

衣祿　暗建下犯上疊凶瘋顚癇瘵灾憂煞傷馬

損吉神催丁

七赤加乾亥剝煞凶到坎相生得令有氣全吉到艮

少婦來少男之宮會吉催生貴子上旬金入丑墓不

吉到震凶中旬離合煞主夫婦不和陰人災病鬪牛

穿心非災橫加反吟少成多敗全凶到巽上旬吉中

旬受尅凶到離上中旬凶下旬兊納丁吉到坤得令

有氣全吉但催丁生女不生男到中不忌

七赤還兊有氣陰人暗助財産臨旺修發橫財

暗建下犯上尅犯木命骨肉殘損肺病痰煞傷盜

賊口舌

七赤在艮有氣錢谷旺盛　暗建妻犯夫主失財

破物口唇疾刑巳刑戌陽人災禍瘋顚痼瘵吉催

生

七赤在離少婦肺疾痰咳　暗建下犯上仲婦因

錢罍姑受尅陰人災禍鼻衄筝痔口舌破財魚絲

起訟

七赤在坎有氣陰人暗助財產生子　暗建少女

中男口舌秋冬，修進金銀或因池塘水利發橫財

中房旺丁

七赤在坤有氣陰人暗助財產　暗建少婦欺姑

私奔娘家口舌叠凶女婦災禍或因姜婢巫尼是

非失田牛吉催丁

七赤在震金尅木陰人災禍　暗建少婦犯夫婦

犯夫兄長房反目離而後合非禍橫加官事牽連

貪圖往反足有殘疾

七赤在巽金入木陰人災禍官事牽連　暗建姒

娌口角疊凶動作尅長女少女中傷

七赤在中秋金得令陰人暗助財產　暗建少婦

犯宅主因婢口舌疊凶陰人災禍小口刑傷血疾

紅光吉催丁

七赤在乾交戰骨肉殘損爭產敗散肺疾痰火

建暗犯上少婦詈公犯凶陰人灾禍頭腦肢筋受

病口舌不寧

八白到震上旬甲貴吉中下旬不吉到巽中旬不吉

下旬寅刑巳凶上旬吉到離全吉上旬艮納丙更吉

到坤穿心煞凶到兌少男少女相配全吉中旬催丁

更速到乾上旬丑戌相刑不吉中旬土生金下旬寅

亥相合吉到坎上下旬吉中旬受尅凶到中全吉

八白還艮有氣進益田產　暗建下犯上少婦口

舌逆夫忤姑尅犯水命少男聾啞黃腫痴呆之類

八白在離生助進田產少男大利　暗建下犯上

仲婦口舌受生納丙生貴子增福祿利山行發橫

財

八白在坎中男腎病因山塲水利生非　暗建犯

上陵下冲尅退田產非禍橫加官事牽連

八白在坤有氣進益田產生子　暗建貪圖往反

疊凶少男聾啞黃腫痴呆宅母災憂上下旬破產

八白在震土入木鄉脾腎有損　暗建長欺少草

木口角受尅退田產因石木破敗左手足灣中流

痰附骨疽

八白在巽土入木少男人口受風寒腹有病　暗

建長女長婦因田地受累而敗凶災退田產吊頸

破家手中瘡毒會吉催丁

八白在五有氣進益田土山塲　暗建少男腎病

耳閉塞面黃瘦上旬刑戌下旬刑巳退田產聾啞

黃腫痴呆之類

八白在乾土生金益田產下旬寅亥合發橫財

暗建少男犯父叠凶上旬頭腦肢筋受病少男退

田

八白在兌土生金益田產夫婦和悅頻招橫財田

園穫生貴子多喜事考試功名文武首選

九紫到坤全吉中旬午火生坤土大吉到兌中旬大

凶到乾上旬入戌墓不忌中旬受尅煞下旬吉到坎

中旬不利上旬離納壬吉下旬不忌到艮火生於寅

吉到震到巽全吉木火通明催生貴子到中全吉火

生土生子發富

九紫還離有氣發富催貴考試大利臨旺生子

暗建仲婦逆夫尅犯金命煞傷小口火灾血光武

功名厄險

九紫在坎貪圖往反少成多敗　暗建下犯上妻

厭夫主受尅經不對月不受胎血疾淋漓瘡疥腿

脚

九紫在坤富貴生子發橫財　暗建下犯上婦逆

姑動作進益田產六畜與旺布帛穀米豐盈催科

甲

九紫在震得令生子發秀催官進祿長房文明科

塲首選受生中女福壽仲婦孕男寅午戌亥卯未

生子

九紫在巽得令文章科甲長房生貴子　暗建仲

婦血光受生文武雙榜兄弟聯芳長

九紫在中火生土育貴子發財祿進益田庄催官

貴　暗建中女黃瘦疊凶疾病天亡辰戌丑未生

命畜耗火災

九紫在乾尅尅宮非禍橫加　暗建仲婦犯宅主產

厄爻戰殺傷頭腦肢筋受病或因天鵝等物生非

九紫在兌受尅非禍橫加　暗建少婦受仲婦辱

犯土口唇牙舌受病肺癰肢筋受病少男退田

九紫在艮火生土添貴丁有氣制金神中男陰人

發橫財少男最利功名顯達生貴子進田產山揚

一白到艮全吉以一白水能潤艮土以生木下旬水

生木催丁更速到震上下旬吉刑卯不吉到巽中旬

受生上旬入辰墓不生巽下旬受尅俱凶到離穿心

反吟全凶到坤中旬吉下旬水生於申更吉到兌金

白水清全吉利中水潤土全吉

一白還坎得令可制火星修發橫財或魚鹽貨殖

商賈起家　暗建犯上尅犯火命灾禍水厄犬蛇

咬傷泄瀉痢病

一白在坤可制火星水土農事大利　暗建下犯

上中男逆母叠凶水厄災禍瘟瘟腫脹中滿軆雜

肚腹冷疾

一白在震有氣制火星長房大利發富催貴科甲

首選　暗建水厄受禍中子遊蕩

陽宅紫府寶鑑　　卷三　箕疇秘旨

一白在巽有氣能制火星修造大利文章科甲

暗建下旬長女不利上旬墓辰水厄災禍會吉催

生貴子

下犯上中男忤逆疊凶瘟瘰腫脹水蠱瀉痢吉催

一白在中得令可制火星受尅水厄災禍　暗建

丁

一白在乾受生制火大利修造中男發橫財　暗

建觸父怒次子洩氣疊凶水厄災禍水入金仲房

風聲損財

一白在兌有氣制火星利修造生子發財　暗建

下犯上少婦仲房口角叠凶水厄災禍中房風聲

損財

一白在艮有氣制火星修造大利　暗建下奪上

少弟犯仲兄叠凶水厄災禍瘟瘟腫脹蠱症損孕

中房不利

一白在離水旺制火　暗建犯上殺妻亂家重喪

凶禍叠凶水厄災禍貪圖往反官事牽連

二黑到兌全吉到乾坤土生乾金中下旬吉上旬戌

未相刑不吉到坎上中受尅凶下旬坤納癸吉到艮

全凶丑未寅申相冲穿心反吟煞到震上旬甲已合

吉中下旬凶到巽上中旬不吉惟下旬火生土吉到

離上下旬吉中旬洩離火之氣不吉到中穿心全凶

二黑還坤動土陰人患目田產招非　暗建犯上

宅母灾憂尅犯水命宅母昏迷痴呆聾啞腫脹腹

疾胃痛

二黑在震老母脾胃有傷　暗建下犯上長男被

母懲責犯土宅母灾咎田產破敗或牛鬭驚傷

二黑在巽宅母灾憂脾胃有損　暗建田產生非

破財敗家或牛闢驚傷僧尼道姑生非

二黑在中犯動宅母灾憂田產之非　暗建老夫

妻反目四季命宅母聾啞黃腫痴呆損牛退田

二黑在乾有氣宅母淸泰發富　暗建妻壓夫失

和犯土宅母灾憂田產起禍叠凶宅主被牆倒土

擊腿牛出

二黑在兌土金有氣進益田產或以銀生利　暗

建少婦逆姑娘家口舌叠凶灾宅母灾憂田產惹

非牛災會吉催丁

二黑在離有氣進益田產考試大利土財豐盈

暗建宅母壓制仲婦犯土疊凶宅母災憂田產之

非失牛官訟

二黑在坎犯土宅母災厄田產非禍聾啞黃腫弱

症痴迷　暗建下犯上尅制非禍橫加中男災咎

二黑在艮貪圖往反少成多敗　暗建母責少男

忤逆犯土宅母災憂田產得禍聾啞黃腫痴呆之

類損畜

三碧到巽長男到長婦之位二木成林修催丁必孕

文章科第之子全吉到離火木通明全吉到坤上旬

八墓不吉中受尅大凶下旬乙貴吉到兌穿心離合

反吟全凶到乾上中旬不吉下旬水生木吉到坎水

木相生上下旬吉中旬刑子不吉到艮上中旬不吉

下旬乙木旺在寅吉到中五不吉

三碧還震有氣考試大利臨祿旺科考試首選

暗建犯上風聲不正尅犯動土木工災禍淫亂破

敗長房枚罪

三碧在巽長房風聲不正口舌破敗　暗建下犯

上長男責妻動土木工災禍官符笞棒枷吉催生

三碧在中飛禍橫加官事牽連　暗建犯上陵下

動土木工災禍拆傷瘡癰陰人小口不利

三碧在乾自逞強暴不知所止取禍招非戶役錢

糧破敗　暗建口舌官訟四禁動土木工禍災

三碧在兊自逞強暴不知所止取禍招非因戶役

錢糧破敗　暗建下犯上動土木工災禍口舌官

訟四禁

三碧在艮木入土折傷瘡癰動土木工災禍　暗

建少弟長兄口角春月子命不利下旬寅木合吉

催生男

三碧在離有氣生子發秀催官催科　暗建仲婦

犯夫兄疊凶動土木工災禍不側火星血光滾湯

傷足

三碧在坎有氣生子發財考試大利　暗建長男

壓制仲弟疊凶動土木災禍長子遊蕩蛇咬

三碧在坤木尅土飛禍橫加官事牽連　暗建逆

母動土木工災禍宅母脾胃拆傷瘡癰田產非禍

四綠到離全吉催生火木通明之子到坤上旬木墓

在未中旬木尅土不吉下旬巳申合水吉到兌上下

旬不吉中旬辰與酉吉合到乾穿心鬪牛反吟全凶

到艮上中旬不吉下旬寅木比和吉到震比和木臨

四綠還巽有氣文章進益臨祿旺考場利宜　暗

旺位長男長婦和諧孕生貴子全吉到中不利

建長婦逆夫忤姑尅犯土命長房風聲不正淫奔

破敗笞捧柳杖

四綠在中尅宮飛禍橫加　暗建下犯上長婦寃

災叠凶破敗奔淫拆傷瘡癰腐骨疽

四綠在乾口舌官訟四禁奔淫　暗建自逞強暴

不知所止取禍招非戶役錢糧破散

四綠在兌自逞強暴不受下尅惹禍招非　暗建

口舌官訟淫奔破敗

四綠在艮折傷瘡癰　暗建長婦少男口角落孕

叠凶動作破敗奔淫考試降黜山坡被人爭去

四綠在離火木相生考試大利長房發貴　暗建

下犯上火災血光疊凶動作破敗淫慾自縊腰股

生腫毒會吉生貴子

四綠在坎得令考試大利旺丁　暗建仲男受長

婦辱疊凶動作破敗淫奔股肱流痰左手腿灣疽

四綠在坤尅宮非禍橫加　暗建長婦欺姑牛災

疊凶破產淫奔宅母拆傷瘡癰上旬交戰傷害

夫疊凶動作淫奔醜敗破家敗產孟房最凶

四綠在震有氣旺文塲利官　暗建犯上長婦逆

五黃到處不論生尅宮位皆凶唯甲癸二方併到歲

德歲德合本位不忌然亦分上中下三旬論到乾不

吉尤不宜動土主宅母長病到坎上中旬不吉動土

少男重病中男不利水厄災禍下旬坤納癸不忌到

艮動土少男重病穿心全凶到震上旬甲已合土不

忌中下旬凶動土長男重病到巽全凶犯土長女重

病到離全凶犯土宅母火病仲婦不利尅犯凶災到

坤穿心全凶動土宅母重病土入土鄉跌損傷到兌

凶動土少婦重病辰戌丑未最凶尅水命刑酉冲卯

主大凶災到中全凶動土大病水命災禍宅長憂辱

亦不宜修艮坤維方

五黃歸中動土火病　暗建下犯上父長憂辱尅

犯水命凶灾聾啞黃腫痴呆六畜消耗

五黃在乾動土宅長火病．　暗建犯上尅犯水命

凶灾季房小口傷絞頸

五黃在兌動土少婦重病田土口舌損失六畜

暗建尅犯水命刑酉冲卯凶灾黃腫痴迷昏呆絞

頸

五黃在艮貪圖往反少成多敗動土少男重病

暗建下犯上尅犯凶災聾啞黃腫痴呆宅長六畜

不利

五黃在離動土宅長大病仲婦不利　暗建受人

欺凌白土尺利凶災黃腫火病血災損胎

五黃在坎尅官非禍橫加動土重病　暗建中子

不利辰戌丑未凶災黃腫聾耳泄瀉不受孕胎

五黃在坤動土宅母重病黃腫聾啞昏迷　暗建

田地口舌尅犯凶災跌蹼傾折失田牛

五黃在震動男長男重病　暗建子欺父媳忤姑

奴叛主土入木脾胃損動土木工凶傷不測宅母

遭冤枉

五黃在巽犯土長女重病脾胃損傷　暗建下犯

上奴僕偷竊陰人小口凶災畜消耗

九星得令有氣　每月二德德合值九星極吉

一白水星　逢申酉戌亥　子為有氣吉

二黑土星　逢亥子丑寅　子為有氣吉

三碧木星　卯為有氣吉

四綠木星　卯為有氣吉

五黃土星　旺最吉遇尅犯動土凶災立應如神

六白金星　方修造主禎祥　逢巳午申酉之

陽宅斧鑿

七赤金星 逢巳午未申酉爲得令所到方生比有陰
人助財產兩相冲剋必主陰人灾禍之應

八白土星 同二黑有氣生助進益田產冲剋反凶

九紫火星 逢寅卯辰巳午得令不避凶煞安墳發
福五行制化得宜起造方立應富貴

穿宫納氣 並圖

世人論屋穿宫以一二座爲靜宅不必穿宫三五六
七八座爲動宅卽論穿宫三座成卦五座合五行以

正門從坐黠至門傍門從門黠至向看頭座屬何星

五行卽以星五行順生入以定吉凶吉星宜高深宜

安神凶星宜低淺凡安香火固要吉之座又要吉星

與坐相生合爲最吉名穿官貫井係在廳堂或正中

或偏左右開門穿入由天井而過總其用訣如震兌

宅正門得破金生二座文水水生三座貪木吉宜安

神宜高宜深坎離宅正門得武金生二座文水水生

三座貪木吉宜安神宜高深坤艮宅正門得貪木生

二座廉火火生三座巨土土生四座武金吉亦宜香

火宜高深乾巽宅正門得祿土土生二座武金金生

三座曲水水生四座貪木吉是宜香火宜高深此八

宅穿官之定例也此是宅之空匡廊耳不知招氣之

高深低淺自有元氣之所主如旺在向則穿之愈入

而引氣愈厚若衰在向則穿之宜淺則后氣長前氣

短是穿宮趨元合運之第一妙法也繪圖如左

後圖在深淺之間以作用而官位安神仍得吉星

穿宮之倒不背得此活法變通何所不可凡橫門

黜向一例同推

穿官趨元圖

陽宅三要寸寶鑑　卷之三　穿宮納氣

乾宅巽正門一進祿存	坎宅離正門一進武曲	艮宅坤正門一進貪狼
中元下下元煞運直穿二進安香火	上元上煞運頭進安香火并住房吉	上元中旺運直穿第四進香火并住房吉
頭進用屏門當中	下元上旺運頭進直穿第三進香火	下元上旺運頭進安香火并住房吉
	下元上旺運頭進安香火并住房吉	中元下下元上旺運直穿第三進香火
中元下下元煞運三進安香火	巽向乾向	中元下下元上旺運直穿第四進安香火并剖房吉
進俱設屏門行左邊穿入合生氣三剖房牀吉	武文　武亥	
	離向坎向	
	武文貪　貪石	
	震向兌向	
	破文貪	
	艮向坤向	
	貪廉巨武	
兌宅震正門一進破軍	離宅坎正門一進武曲	巽宅乾正門一進祿存
上元下旺運安香火并外房直下元中旺運直穿第四進香火	下元上煞運頭進安香火并住房	上元下旺運安香火并外房直下元中旺運直穿第四進香火
并住吉	上元中煞運頭進安香火并住房	并住吉

年神月煞總例

若夫神煞者以太歲爲主蓋太歲爲衆煞之君統領

諸煞分佈十二宮以司一年之休咎所臨之方有六

事動用必主灾禍如係本宅煞方必主損人雖非煞

方而并三煞戊已五黃等凶亦主損人若太歲所臨

併宅內煞方更三煞戊已五黃等煞而動用者則殺

人不而足此方六事不止一件則損人倍加之太歲

所在卽不動用雖非煞方其方有住人者亦主災禍

加煞卽主死人次以年建位上起一太歲二太陽三

喪門四太陰五官符六死符七歲破八龍德九白虎
十福德十一弔客十二病符順行十二位太陽或到
或弔或照生男太陰或到或弔或照生女龍德福德
益財進喜若遇年星紫白加臨喜慶重重喪門弔客
主孝服病符死符病患灾非官符歲破是非官訟白
虎口舌病訟諸凶若併三煞戊己五黃等凶殃禍立
見再以本年驛馬位上起十二趨煞驛馬者申子辰
年馬居寅亥卯未馬居巳寅午戌馬居申巳酉丑年
馬居亥從驛馬位上起驛馬次六害黃旛刧煞灾煞

歲煞寃煞讐煞報煞天官符大煞攀鞍順行十二位

何謂趨煞以驛馬三煞皆主迅速若與凶神相併其

禍立至然則與吉神相併其福亦立至矣是在作者

加意詳之耳六害主損六畜黃旛主瘟瘟劼災歲是

名三煞最關緊要天官符主官事扳鞍主吉慶其次

論戊己戊己與五黃同推五黃依戊己爲體戊己以

五黃爲用相併必主損人法以本年五虎遁起寅遇

戊己所臨之位是也然而戊己所臨潔淨鮮明又主

生子天喜子年起酉逆行十二官如丑年在申寅年

在未是也對衝即為紅鸞大約太陽之力照重而到

輕弔又次之太陰亦然天喜之力到重而照輕弔又

次之紅鸞亦然太陽天喜生男太陰紅鸞生女六陽

年與天喜同弔太陰與紅鸞同弔六陰年太陽與紅

鸞同弔天喜與太陰同弔是六陽年男女一定而六

陰年不無游移矣則以年星決之受胎之年之月得

年不無游移矣則以年星決之受胎之年之月得

三白星到牀而枕之者生男餘則生女是以住宅如

人之命宮神煞如命之流年小限命雖吉必俟流年

吉星加臨方應吉祥矣

十二歲神

年												
一太歲	子	丑	寅	卯	辰	巳	午	未	申	酉	戌	亥
二太陽	丑	寅	卯	辰	巳	午	未	申	酉	戌	亥	子
三喪門	寅	卯	辰	巳	午	未	申	酉	戌	亥	子	丑
四太陰	卯	辰	巳	午	未	申	酉	戌	亥	子	丑	寅
五官符	辰	巳	午	未	申	酉	戌	亥	子	丑	寅	卯
六死符	巳	午	未	申	酉	戌	亥	子	丑	寅	卯	辰
七歲破	午	未	申	酉	戌	亥	子	丑	寅	卯	辰	巳

八龍德	九白虎	十福德	十一弔客	十二病符	年	戊都	已都	戊已都天
未申酉戌亥子丑寅卯辰巳午	申酉戌亥子丑寅卯辰巳午未	酉戌亥子丑寅卯辰巳午未申	戌亥子丑寅卯辰巳午未申酉	亥子丑寅卯辰巳午未申酉戌	甲乙丙丁戊己庚辛壬癸	辰寅戌申午辰寅子戌申	卯丑亥酉未巳卯丑亥酉未	巳卯丑亥酉未

戊已都天

土煞神戊巳都天

四利歲神

年	正月太歲	二月太陽	三月喪門	四月太陰	五月官符	六月死符	七月歲破
子	辰	巳	午	未	申	酉	戌
丑	巳	午	未	申	酉	戌	亥
寅	午	未	申	酉	戌	亥	子
卯	未	申	酉	戌	亥	子	丑
辰	申	酉	戌	亥	子	丑	寅
巳	酉	戌	亥	子	丑	寅	卯
午	戌	亥	子	丑	寅	卯	辰
未	亥	子	丑	寅	卯	辰	巳
申	子	丑	寅	卯	辰	巳	午
酉	丑	寅	卯	辰	巳	午	未
戌	寅	卯	辰	巳	午	未	酉
亥	卯	辰	巳	午	未	酉	申

八月龍德	九月白虎	十月福德	士月弔客	士二月病符	年	天喜	紅鸞
						天喜紅鸞	
亥	子	丑	寅	卯	子	酉	卯
子	丑	寅	卯	辰	丑	申	寅
丑	寅	卯	辰	巳	寅	未	丑
寅	卯	辰	巳	午	卯	午	子
卯	辰	巳	午	未	辰	巳	亥
辰	巳	午	未	申	巳	辰	戌
巳	午	未	申	酉	午	卯	酉
午	未	申	酉	戌	未	寅	申
未	申	酉	戌	亥	申	丑	未
申	酉	戌	亥	子	酉	子	午
酉	戌	亥	子	丑	戌	亥	巳
戌	亥	子	丑	寅	亥	戌	辰

十二趨煞

年	驛馬	六害	黃旛	刧煞	災煞	的煞	寃煞
申子辰	寅	卯	辰	巳	午	未	申
巳酉丑	亥	子	丑	寅	卯	辰	巳
寅午戌	申	酉	戌	亥	子	丑	寅
亥卯未	巳	午	未	申	酉	戌	亥

神煞月建入中飛宮活圖

攀鞍	大煞	天官符	報煞	讐煞
丑	子	亥	戌	酉
戌	酉	申	未	午
未	午	巳	辰	卯
辰	卯	寅	丑	子

夫一年之神煞非板局布定必每月以月建入中統領各神煞輪轉於九宮以司各月各宮之禍福凡疊凶疊吉皆本此圖爲用識者細玩之

神煞活圖

（中央）割作兩層　每以月建　入中輪轉　飛看吉凶

圖內花甲
即每年神
煞也如甲
子年圖內
甲子即太
歲戊辰即
戊都庚午
即灾煞之
類也

破體屋形論

夫宅為納氣之原形若不正有氣而皆凶何也氣雖

足以生形然形破體亦不足以納氣故形必端正方

長則所招之氣厚若曠濶凹凸則氣散歪斜尖角則

氣偏散則人財不聚偏則出人奸惡是屋形不可

講若棄本求末雖盡合作用亦難稱安宅況乎有形

之煞與無形之煞相為表故向有百二十種條載於

書猶未足以盡宅法之不善者因將破體屋形煞集

錄篇終俾智者觸目警避使天下之人皆曰居之安

是余之用心也矣

破體屋形煞

天征煞　四圍空缺遠照者左見為雷煞主火右見

為雲煞主逃前見為風煞主夭後見為雨

煞主敗

地擊煞　四圍河港直衝者左見為龍煞主敗右見

煞主怪

為虎煞主傷前見為鳥煞主訟後見為蛇

人攻煞　四方牆砌高昂者左見為鼓煞主關右見

為金煞主刑前見為旗煞主益後見為鑰

雌雄煞

煞主血

五間堂三間廳五年之內損三人五間廳

三間堂三年之內五人凶蓋廳為客為婦

為雌堂為主為夫為雄五堂三廳為夫多

婦少主損人尅妻三堂五廳為夫少婦多

主損人過房孤寡尅子內亂

不交煞　前廳後堂不直進而偏者主家中不和

失序煞　前廳過右後堂過左主淮亂訟退

挨肩煞　一邊廳一邊堂一座而造此兩樣為男女
並坐如挨肩之象住堂者多主寡涯

摸背煞　堂在前面廳在後面堂為夫廳為妻如婦
在夫後摸背主寡而內亂

雀昂煞　廳高堂低主出寡退財以上論廳堂

欺主煞　正堂低小兩廂高大主奴僕欺主而且主
貧寡

暗箭煞　正堂背後屋脊冲來而不見者主逃亡疾
病災窮

刺胸煞　前屋衝堂主孤寡損財

刺心煞　他家屋脊正中衝來而差低者主夭凶心

　　　　疼

刺面煞　有屋斜穿面前主徒訟破財

刺脅煞　兩邊屋脊衝房主少凶退財

刺肩煞　有屋斜穿背後主毒痢暗凶

過頭煞　凡屋前高後低主凶孤寡異姓同居

橫胸煞　凡屋橫長者主少凶寡丁

杠屍煞　正房與廂房相等而前後透出者主少凶

貧寡

四害煞　四邊隣居屋高大本家低小主癈病苦貧

牢獄煞　本宅四面高而中低陷者牢獄訟敗

擡轎煞　正高厢低而兩厢透出者主先富後貧

曲背煞　屋若中高前後俱低主耗散田財出寡

垂頭煞　門屋低小正屋反高主人不軒昂尅妻尅子

離鄉煞　一連高低間者主貧寡離鄉又主出技藝之門前有屋流水拖出亦名離鄉

寒肩煞　　正屋兩頭低垂主敗離

孤寡煞　　正屋前有同向小屋主孤寡瘋癲耗財

漏氣煞　　前後水閣主耗財癆病夭凶

倒鑿煞　　凡屋前寬大後窄狹者主一發便衰又主

　　　　　接脚易姓

破脊煞　　凡接棟造添新屋主損人官事破財

祿存煞　　折半存半主官訟衰敗

破耗煞　　凡堂前對面有破屋空倉者主多病退產

不正煞　　屋不整齊明堂斜側主淫亂退財

長短煞　長屋夾短屋短者先敗

紊序煞　正屋後邊肋屋之左右有屋頭直聯搭接

正屋者主淫慾退財

退神煞　正屋後一層低一層者冷退

口字煞　四面屋高低一樣者貧寡

斷腰煞　東西有空缺者主官非

折腰煞　造屋中低前後皆高主長病敗絕（以上論正屋）

失契煞　正屋之後有一小屋者主產業蕩盡

曲尺煞　正屋一邊造小屋數間住正屋者穩住小

屋者損丁破財

埋兒煞　四畔屋內明堂嵌造一二間小屋主少亡

桃擔煞　正屋兩頭造小屋主貧寡

停柩煞　住屋旁邊有破空屋主損人耗財

搖尾煞　正屋後側屋灣轉主兒孫賭博不歸家

流移煞　凡正屋左右屋滴水詹前另有側屋主離鄉

人字煞　凡正棟大半節間起一帶廂屋主疾病悽惶

丁字煞　凡正屋中半節間起一帶屋主傷人

凶字煞　前後兩層正廂一邊者爲凶字屋主敗凶

川字煞　三層而無兩廂者爲川字屋分離

無主煞　無正堂而有兩廂者主損宅長退財

折手煞　正屋高大左右兩廂低小如折手一般主
　　　　退業

雙雌煞　右邊有廂屋四間主小子離妻

雙雄煞　左邊有廂屋四間主長子離鄉

臥虎煞　右廂前有一二間高小樓屋主少凶

伸縮煞　凡廂屋一邊長一邊短主損陰人

青龍反首煞　左邊廂屋頭橫外者為青龍反首煞

白虎攔頭煞　右邊為白虎攔頭煞主橫死退敗不睦

左主長中右主幼未下皆倣

青龍擺尾煞　兩廂前頭橫攔內屋主淫慾少凶癆

白虎含笑煞　瘵

青龍反足煞　廂屋後有幾間向外造者主暗敗凶

白虎反足煞　家不睦

青龍轉尾煞　廂屋後頭橫攔內屋主淫慾少死財

白虎張威煞　　敗以上論厢屋

仰頭煞　　門橫高大廳堂低小主財退家離

火毒煞　　樓上房樓下灶主瘡痘火毒而凶

寡宿煞　　獨座樓房主出孤寡

痘疹煞　　樓上房樓下倉主痘凶以上論樓

虛耗煞　　門前有空屋主耗財

塞胸煞　　人家大門首被別家樓屋當前塞胸主貧

　　　　　　寡損人

釘唇煞　　門前造牌樓主火災官訟貧寡

張唇煞　　門前有水閣主出寡離鄉外死

空凶煞　　門前有獨間屋者主火光病敗前以上論門

拖辮煞　　正屋齊簷有披主家退離鄉

披麻煞　　正屋後簷獨有一間披出者主損丁橫禍

相激煞　　簷湊簷滴溜相激者主口舌不休黑暗出

　　　　瞽

口舌煞　　兩厢襟接出一重披簷主口舌官非

混雜煞　　轉角處揷一層椽子主淫亂

鑊蓋煞　　正星四邊披遮主無子息多病異姓同居

陽宅　卷三

易主煞　　四簷齊如口字者主

流淚煞　　前簷水滴在河主損少丁又主投河論簷 <small>以上</small>

泄氣煞　　屋小明堂寬大主弱症少死退財

蕩氣煞　　明堂直長者主奔走夭凶

悶胸煞　　凡明堂橫長直狹主慳愚被嚇詐論明堂 <small>以上論</small>

棺材煞　　凡房前將廊折進主絕嗣孤寡論廊

推車煞　　兩邊小屋步低長主傭工脚子路死

露足煞　　正屋四角上有小屋一二間者主官災疾病

接腳煞　正屋前有一二間小屋搭在正屋上者主

過房接腳

拖鎗煞　正屋後有一邊小屋拖出者主損丁退財

口舌在煞方者主孤老

枕頭煞　一帶屋前橫造幾間小屋者主自縊孤寡

吹奶煞　獨有一邊屋搭在正房者主過房或帶來

之子　以上論小屋

頂頭煞　廂房頭上有小橫屋主自縊孤貧

虎入煞　兩廂夾廳無正堂者主淫敗招郎

破龍屋形

伸手煞　　正堂廂房直長有左長右小敗離

反手煞　　正屋背後造兩廂主暗敗凶殘房

　　　　　以上論廂

工字煞　　前後中間造過路者主孤寡少凶

停柩煞　　正堂後造穿堂主尅妻損子耗財穿堂

　　　　　以上論穿堂

六害煞　　堂柱穿廳背主路死退財

隋箭煞　　凡屋斜側而用鎗柱者主傷人敗財

懸鍼煞　　房內有柱中懸主隋胎產難耗財

穿心煞　　廳柱對堂前主破敗少凶

　　　　　以上論柱

壓頭煞　　屋與磡高而過額者主孝服哭泣

趙胸煞　屋與礮孤而觸胸者主痰嗽懨悶

摸肩煞　屋與礮高而過肩者主暗昧災悔

推背煞　屋與礮近而靠背者主陰人小口啾唧

撲耳煞　屋與礮直而齊耳者主邪崇妖怪

衝脅煞　屋與礮直而衝脅者主呻吟疼痛礮以上論

衝心煞　牆籬對中直衝者主心疼死凶

鑽臀煞　牆籬長而順水至者主公訟杖責

紾臂煞　牆籬長衝而形急者主是非公訟牆以上論

攻脚煞　前有塍路低平直衝者主傷殘瘰瘵

橦股煞　　右左有滕路近而形迫者主瘡瘓膿曲

牽腰煞　　在後塪路長而順水者主退財以上論塪路

吐氣煞　　烟燧當正屋前主損丁口舌官非橫禍

星障煞　　房前小屋有烟燧三兩個主隋胎患眼孤

　　　　　寡以上論烟燧

花粉煞　　棟宇彫花畫彩主內亂

桃花煞　　龍虎勢若起毬主男女貪淫

葯炉煞　　房前有花欄主陰人小口喫葯不歇

暗建煞　　人家造捲蓬月臺或兩家簷水合溜主眼

疾產厄少丁以上雜項

內外六事

內六事者門路方宜在得元井方宜在失運灶座宅主命之四凶方反名旺灶之四凶

方忌直沖井方反名旺灶之四凶

宅主命人命本生年太歲方又畜

宅丙人命本生年太歲五黃戊已三煞方又畜

之四吉方碓磨忌每年太歲五黃戊已三煞方又畜

欄生方坑厠宜宅之生方坑厠宜宅之死退方

外六事旗杆直路直牆直水直山屬木沖宅不可塔牌樓

窰灶墳堆鐘樓屬火宅宜向圓堆圓池圓山屬金宜在水去水

之方山方屋方牆屬土向上正在洞橋灣路曲水灣巷

屬水方宜在旺方引氣

立社法

大凡一鄉之立社與一家之立門官同立門官向宜
與坐宅相生則吉相尅則凶或宅坐生門官內或門
官向生宅坐相尅不吉離宅門官在兌向震 〔坐向生坐〕

兌門官離方向坎 〔坐向生坐〕

乾門官離方向坎 〔坐向生坐〕

巽門官坎方向離 〔坐向生坐〕

震門官丁方向癸 〔坐向生坐〕

坤門官癸方向丁 〔向生坐〕

艮坎門官震方向兌相生 〔坐向生坐〕

依此合法

作灶論

凡灶座忌在宅主之四圖方還忌關煞與年上暗黃

冲射樑壓則宅母不利閫門多災而灶口為納柴進

薪之門更要宅主東西命合卦最關禍福

上二條最重故於六事內抽出立論

望氣辨色

望氣者望宅之氣色也夫宅吉凶將發之機其氣其

色必先現於无面或現於樑柱之間所謂有諸內必

形諸外也世人不留心於此未識所以而智者已先

覺之邵子云若還宅氣如春意家宅生和氣若然冷

落似秋時從此漸衰微自然馨香如蘭室福至無虛

日卽此為望氣之本也是知吉凶悔吝各有其機禍

福先兆憑乎金木水火土之氣成青黃赤白黑之色

辨察分明萬事可以預知白主死喪孝服紅主吐血

瘋顚青主生子喜慶黑主悔滯破財黃主瘟瘟蠱脹

以明潤為上暗昧卽凶皆在宅面旡上日落時細觀

之自現乍看則有久看則無細看則有粗看則無澄

心靜氣於無象中觀有象在乎人之靈機也　吉凶之

　　　　　　　　　　　　　　　　　　氣色現

應現於全宅全宅所應

一間一層卽此間此層所

立宅瑣言

篇內立宅之法重行門重放水重宅本重應星重住

房趨氣如此則方位要真安放經盤要有定法不然

議論雖確而安經盤之位不的亦爲自慎何能收天

心天氣以及我居乎其法有定焉論外面高屋以香

火堂樑春正中安經盤論家內六事以樑前第二架

桁底論行大門以頂對詹枋論外門以大門中至外

門雖多俱由門起門每門從門口安經盤引出使外

面一度度引氣入宅此門上開門論開房門在房之

中看何位能引生旺氣入房非在廳以論房門也論

放天井水度天井左右前三方折中世有不解天井

放水之義多在天井中間或云在簷滴水下云是水

上放水又云或在天井心此執中無權者也凡天井

直長是不合法卽可對簷滴水施行若天井橫長則

挨上階基邊或牽入堂前不定蓋本三方折中取用

從門口內牽線入卽以盤針就線頭此爲建造宅外

之宅本應星高屋與看遠近嶠星並開門放水看內

六事安經盤之總法也如通鄉立社及開闢門係在

村之致中前坐照牆邊安經盤建文閣則在村心搭

高臺飛線照去取方位若鄉外宗祠欲建文筆則在

祠之正樑春中此一定之法也至論一宅之方位以

本宅所占之長短濶狹而定均分八方以定佈用此

統體一太極也若卧房中亦分八方以取生旺此一

物一太極也一定分方與定龍定局之法相類前後

直長者左右長處各分為三而前後狹處亦各以三

分之左右橫濶者前後濶處各分為三而左右短處

亦各以三分蓋止據四面所占而定所以法地之方

也其前後闊狹並歪斜不齊者皆依所占而均分之

乃得吉凶判然智者觸類旁通盡立宅之能事矣

修改擇吉憑太陽七政造命說

大凡修改移易趨旺避衰或六事動用必憑乎太陽

照宅主之命或夾或輔或關拱方能招吉化凶是以

三合四正與七政課命恩用元辰照到所修之方與

修宅專賴日時為吉凶之主宰按青江子修方却病

散訟催生催貴催財等類盡取人命恩用照臨伙難

入地反凶為吉修催有準由此觀之造宅之法為體

而選擇日時爲用也　余庚寅年所刊太陽選擇全表

盡剖七政造命秘籥有圖有說理約而眞書簡而明

實是篇之良佐也立宅者苟能加意於此則造化在

手不可思議矣

三

編號	書名	作者	說明
148	《人相學之新研究》《看相偶述》合刊	盧毅安	集中外大成，無不奇驗；影響近代香港相術名著
149	冰鑑集	【民國】碧湖鷗客	各家相法精華、相術捷徑，圖文並茂附名人照片
150	《現代人相百面觀》《相人新法》合刊	【民國】吳道子輯	失傳民初相學經典二種 重現人間！
151	性相論	【民國】余晉龢	民初北平公安局專論相學與犯罪專著（犯
152	《相法講義》《相理秘旨》合刊	韋千里、孟瘦梅	命理學大家韋千里經典、傳統相術秘籍精華
153	《掌形哲學》附《世界名人掌形》《小傳》	【民國】余萍客	圖文并茂，附歐美名人掌形圖及生平簡介
154	觀察術	【民國】吳貴長	可補充傳統相術之不足
堪輿類			
155	羅經消納正宗	【明】沈昇撰、【明】史自成、丁	失傳四庫存目珍稀風水古籍
156	風水正原	【清】孟章合纂	●●積德為求地之本，形家必讀！
157	安溪地話（風水正原二集）	【清】余天藻	純宗形家，與清代欽天監地理風水主張大致相同
158	《蔣子挨星圖》附《玉鑰匙》	傳【清】蔣大鴻等	窺知無常派章仲山一脈真傳奧秘
159	樓宇寶鑑		現代城市樓宇風水看法改革
160	《香港山脈形勢論》《如何應用日景羅經》合刊	吳師青	香港風水山脈形勢專著
161	三元真諦稿本——讀地理辨正指南	【清】	被譽為蔣大鴻、章仲山後第一人，內容直接了當，盡揭三元玄空家之秘
162	三元陽宅萃篇	【清】高守中 【民國】王元極	玄空必讀經典！附《仲山宅斷》幾種鈔本及批點本未點破的秘訣
163	王元極增批地理冰海 附批點原本地理冰海	【民國】王元極	極之清楚明白，披肝露膽
164	地理辦正發微	【清】唐南雅	玄空六派蘇州派代表作
165–167	增廣沈氏玄空學 附 仲山宅斷秘繪稿本三種、自得齋地理叢說稿鈔	【清】沈竹礽	玄空必讀經典！披肝露膽
168–169	巒頭指迷（上）（中）（下）	【清】尹貞夫原著、【民國】何廷珊增訂、批注	圖文并茂：龍、砂、穴、水、星辰九十九
170–171	三元地理真傳（兩種）（上）（下）	【清】趙文鳴	變、洩漏天機：蔣大鴻、賴布衣挨星秘訣及用法
172	三元宅墓圖 附 家傳秘冊	【清】	蔣大鴻嫡派真傳張仲馨一脈二十種家傳秘本、宅墓案例三十八圖，並附天星擇日
173	宅運撮要	【民國】尤惜陰（演本法師）、榮柏雲	撮三集《宅運新案》之精要
174	章仲山秘傳玄空斷驗筆記 附 章仲山斷宅圖註	【清】章仲山傳、【清】唐鷺亭纂	無常派玄空不外傳秘中秘！二宅實例有斷驗及改造內容
175	汪氏地理辨正發微 附 地理辨正真本	【清】蔣大鴻、姜垚原著、【清】汪云吾發微	汪云吾發微 蔣大鴻嫡派張仲馨一脈三元理、法、訣具
176	蔣大鴻家傳歸厚錄汪氏圖解	【清】蔣大鴻、【清】汪云吾圖解	體泄露 蔣大鴻嫡傳三百年來最佳《地理辨正》註解！石破天驚！
177	蔣大鴻嫡傳三元地理秘書十一種批注	吾、【清】蔣大鴻原著、【清】汪云吾、【清】劉樂山註	蔣大鴻嫡傳

心一堂術數古籍珍本叢刊　第二輯書目